Cupcake e Biscotti

Titolo originale: CUPCAKES & COOKIES

Fotografie di Roddy Paine Photographic Studio (pagine 1, 5-49 e 96)
e Debbie Patterson presso il Search Press Studios (pagine 2-4 e 50-95)

Basato sui seguenti libri pubblicati da Search Press:
Twenty to Make: Decorated Cupcakes di Frances McNaughton (2009)
Twenty to Make: Decorated Cookies di Lisa Slatter (2010)

Per l'Italia: © 2012 Il Castello srl
Via Milano 73/75 – 20010 Cornaredo (MI)
Tel. 02 99762433 – Fax 02 99762445
e-mail: info@ilcastelloeditore.it – www.ilcastelloeditore.it

Direzione generale: Luca Belloni
Direzione editoriale: Viviana Reverso

Traduzione: Maurizia De Martin
Revisione a cura della Redazione de Il Castello srl
Elaborazione testi a computer: Elena Turconi

Stampato in Cina

Cupcake e biscotti

Frances McNaughton
e Lisa Slatter

IL CASTELLO

Sommario

Biscotti decorati 50

Cupcake decorati

di Frances McNaughton

Piccolo è bello! I cupcake sono un modo sempre più diffuso per celebrare un'occasione speciale. Colorati e deliziosi, sono perfetti per ogni tavola; oggi sono i protagonisti persino in alcune feste di matrimonio. E anche se non avete in programma un'occasione speciale, perché non prepararli per la famiglia e per gli amici: è un'ottimo modo per provare le ricette e per decorare torte più grandi.

Le ricette per realizzare ottimi cupcake sono spesso le stesse delle torte normali che, infatti, sono adatte anche per dolci di piccole dimensioni. Molte persone stanno scoprendo la passione per decorare le torte dopo aver provato a realizzare i cupcake.
Spero vi possiate divertire ispirandovi ad alcune delle mie idee, e che da queste ne nascano altre.

Ecco alcuni cupcake che potete realizzare seguendo le ricette di questo capitolo: fanno davvero venire l'acquolina in bocca!

Cuocere i cupcake

Le dosi di questa ricetta per il pan di Spagna "tutto in uno" sono per 12 piccoli cupcake:

115 g di farina autolievitante, setacciata
115 g di margarina o burro ammorbiditi
115 g di zucchero a velo
2 uova

1 Preriscaldate il forno a 180 °C (termostato 4). Inserite gli stampini di carta nella teglia per i cupcake. Potete usare stampi di misura diversa e comprare pirottini di carta adatti.

2 Versate tutti gli ingredienti in una ciotola.

3 Sbattete con un cucchiaio di legno per 2-3 minuti. Se utilizzate il robot da cucina, riducete il tempo: sbattete soltanto finché il composto diventa soffice e lucente.

4 Distribuite il composto negli stampini con un cucchiaio, riempiendoli per metà per ottenere cupcake piatti, e per tre quarti per cupcake più rotondi.

5 Cuoceteli al centro del forno per 15-20 minuti finché saranno dorati e la superficie sarà elastica se premuta delicatamente con un dito. Allungate i tempi di cottura in caso di dolci più grandi.

Se preferite dedicarvi solo alla decorazione, potete acquistare i cupcake o i muffin semplici, senza glassa, nelle panetterie o nei supermercati! In questo libro, per abbellire i vostri tortini, si utilizzano piccole gelatine alla frutta, cioccolato sciolto, bastoncini di biscotto ricoperti di cioccolato, zucchero di canna, decorazioni alimentari luccicanti e soffici caramelle mou.

Aromi alternativi

Cioccolato: aggiungete 15 ml/1 cucchiaio di cacao in polvere sciolto in 15 ml/1 cucchiaio di acqua bollente.

Limone: aggiungete 10 ml/2 cucchiaini di succo di limone e 5 ml/1 cucchiaino di scorza grattugiata.

Caffè: aggiungete 10 ml/2 cucchiaini di caffè solubile sciolto in 5 ml/1 cucchiaino di acqua bollente.

Potete utilizzare stampini di diverse misure, dai piccoli stampi per cioccolatini a quelli più grandi, per muffin. La cottura dei dolci dipende dalla decorazione che avete scelto, perciò non riempite gli stampini se volete dei cupcake piatti a fine cottura; se li volete a forma di cupola, invece, servirà aggiungere più impasto nello stampino. Se i dolci lievitano più di quanto volete, o si crepano in superficie, tagliate la sommità per renderli tondi o piatti.

Attrezzatura di base

Tasche da pasticciere (o cornetti) con bocchette varie

Tagliapasta a forma di primula, petalo di rosa, agrifoglio e cuore

Tagliabiscotti (semplici e sagomati)

Griglie per bordure

Rotelle

Attrezzo per modellare con punta a fiore

Paletta o coltellino a lama tonda per decorare

Matterello piccolo

Forbicine affilate

Arcobaleno

Ingredienti:

Cupcake cotti in stampini colorati

Glassa bianca:

- 170 g di margarina
- 450 g di zucchero a velo
- 3-4 cucchiai (45-60 ml) di latte o succo di limone
- Essenza di vaniglia

Coloranti alimentari: blu, rosso, giallo, verde

Attrezzatura:

Coltellino a lama tonda per decorare

Almeno 4 tasche da pasticciere usa e getta in carta da forno

Bocchetta tonda n. 3 o n. 4 (oppure tagliate via l'estremità delle tasche)

Istruzioni:

1 Preparate la glassa bianca mescolando la margarina, lo zucchero e la vaniglia, quindi aggiungete qualche goccia di succo di limone o di latte per formare una crema soffice. Utilizzate la glassa bianca per fare le nuvole e coloratela di blu per il cielo. Se preferite usare il burro per un sapore migliore, le nuvole avranno un color crema e il blu non sarà così brillante.

2 Mescolate una parte della glassa con il colorante rosso, un'altra con il colorante giallo e un'altra con il verde. Riempite le tasche da pasticciere (con o senza la bocchetta) con una cucchiaiata di glassa di ogni colore bianca, rossa, gialla e verde.

3 Aggiungete il colorante blu alla glassa rimasta e spalmate la superficie di ogni cupcake con il coltello a punta tonda.

4 Spremete una curva rossa a metà di ogni cupacake e poi ripetete con il giallo e poi con il verde.

5 Formate delle piccole nuvole all'estremità dell'arcobaleno.

I colorati cupcake arcobaleno accenderanno di allegria il tavolo di qualsiasi festa.

Zucche di Halloween

Ingredienti:

Cupcake cotti in stampini colorati
Crema di burro:
- 150 g di burro
- 450 g di zucchero a velo
- 3-4 cucchiai (45-60 ml) di latte o succo di limone

Coloranti alimentari: giallo o arancio; verde
Cioccolato fondente, sciolto

Attrezzatura:

Coltellino a lama tonda per decorare
Tasche da pasticciere usa e getta in carta da forno
Bocchetta tonda n. 2
Bocchetta tonda n. 4 (oppure tagliate via l'estremità delle tasche)
Carta da forno antiaderente

Istruzioni:

1 Preparate la crema di burro mescolando il burro e lo zucchero, quindi aggiungete, sbattendo, qualche goccia di latte o di succo di limone per ottenere una crema soffice da inserire nelle tasche da pasticciere.

2 Aggiungete il colorante verde a una piccola dose di crema al burro, e colorate il resto con l'arancione. Riempite con un cucchiaino di crema verde una piccola tasca a cui avrete inserito la bocchetta tonda n. 2. Riempite con la crema arancione una tasca più grande, con la bocchetta tonda n. 4.

3 Iniziate a spremere una striscia arancione sulla parte centrale dei cupcake, e proseguite spremendone altre verso l'esterno, aumentando la curvatura delle strisce di volta in volta.

4 Spremete qualche linea verde sulla sommità per disegnare le foglie.

5 Versate una piccola quantità di cioccolato sciolto in una tasca piccola e tagliate via un angolino all'estremità. Disegnate la faccia direttamente sul cupcake, oppure spremete il cioccolato sulla carta da forno, lasciate indurire, staccatelo e fissatelo sul cupcake.

Disegnate diverse faccine spaventose per la festa di Halloween da offrire come "dolcetto o scherzetto?".

Tutti al mare!

Ingredienti:

Cupcake cotti in stampini colorati

Zucchero per glassa fondente (non pasta di zucchero), in vendita nei negozi specializzati e online

Pasta di zucchero rosa o pasta di zucchero per modellare

Coloranti alimentari: blu e rosa

Zucchero di canna dorato e soffice

Attrezzatura:

Coltellino a lama tonda per decorare

Usate il disegno (a destra) per creare il modello di carta per le infradito

Coltello affilato o rotella

Matterello piccolo

Ciotola

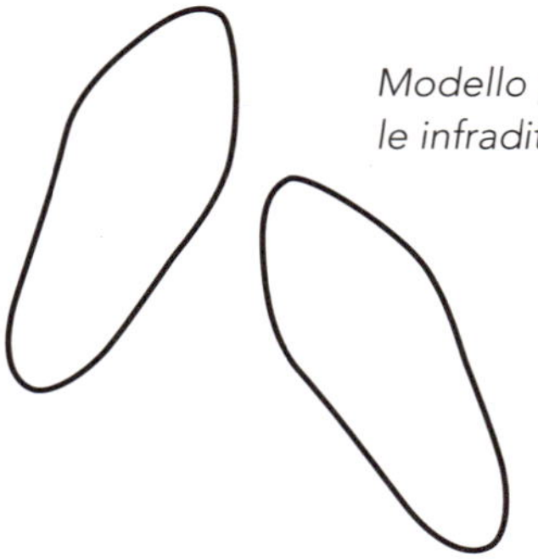

Modello per le infradito.

Istruzioni:

1 Usate la pasta di zucchero rosa o quella per modellare e ritagliate la base delle infradito, seguendo il modello. Ritagliate delle cinghiette sottili, bagnatele con l'acqua e poi attaccatele alle infradito.

2 Preparate la glassa fondente seguendo le istruzioni sulla confezione. Scaldatela delicatamente in una ciotola a bagnomaria, finché raggiunge la temperatura di 37 °C, mescolando ogni tanto. La glassa sarà abbastanza liquida, ma raffreddandosi si addenserà velocemente.

3 Colorate metà della glassa di blu e lasciate l'altra metà bianca.

4 Spalmate la glassa blu su metà di ogni cupcake, e la bianca sull'altra metà.

5 Spolverate la metà bianca con lo zucchero di canna, che assomiglierà alla sabbia.

6 Adagiate le infradito sopra ogni cupcake. Per fissarle, versate una goccia di glassa calda o di crema di burro sotto ogni tallone: agirà da colla.

Estate pigra

Come variante, aggiungete qualche goccia di colorante verde su un po' di cocco in polvere o zucchero semolato, per fare il prato. Immergete metà del cupcake nell'"erba": perfetto per una festa estiva.

Cestino di fiori

Ingredienti:

Cupcake

Zucchero per glassa fondente (vedere pag. 14)

Crema di burro al cioccolato:

seguite la ricetta a pag. 12 e aggiungete fino a 30 ml/2 cucchiai di cacao in polvere finché ottenete il colore desiderato

Pasta di zucchero gialla per le primule

Attrezzatura:

Coltellino a lama tonda per decorare

Tasche per pasticciere usa e getta di carta da forno

Bocchette: a punta dentellata, spizzata o a stella

Piccolo tagliapasta a forma di fiore

Attrezzo per modellare con punta a fiore

Piccolo matterello

Istruzioni:

1 Preparate e poi stendete la glassa fondente sui cupcake; potete colorarla, se preferite.

2 Riempite con la crema al cioccolato una tasca con bocchetta a punta dentellata o pizzata o a stella.

3 Iniziate a spremere il manico su ogni cupcake.

4 Poi procedete con il cestino: iniziate su un lato, spremendo una linea verticale, poi spremete le linee corte che lo incrociano orizzontalmente, lasciando uno spazio largo quanto la bocchetta fra una riga e l'altra. Spremete la seconda linea verticale, coprendo solo la fine delle linee orizzontali. Spremetevi sopra le linee corte orizzontali, riempiendo lo spazio tra la prima e la seconda riga verticale. Spremete una terza riga verticale e continuate con le righe orizzontali che la incrociano. Proseguite così fino a completare il cestino.

5 Stendete la pasta di zucchero gialla e tagliate le primule con il tagliapasta. Attaccatele sul cupcake al centro del cestino, premendo il fiore al centro con l'attrezzo per modellare appuntito.

Caccia all'uovo di Pasqua
Create il cestino nello stesso modo con minuscole gelatine di frutta od ovetti di cioccolato.

Anatroccoli

Ingredienti:

Cupcake

Glassa fondente (vedere a pag. 14) colorata con colorante alimentare blu

Crema di burro (vedere a pag. 12) colorata con colorante alimentare giallo

Pasta di zucchero rossa o arancione

Un po' di cioccolato fondente sciolto per disegnare gli occhi

Attrezzatura:

Coltellino a lama tonda per decorare

Tasche da pasticciere

Bocchetta grande, a punta tonda

Istruzioni:

1 Spalmate la glassa fondente blu (calda) sui cupcake.

2 Riempite con la crema di burro gialla una tasca da pasticciere con la bocchetta grande a punta tonda.

3 Spremete una grossa sfera per la testa.

4 Spremete una grande goccia curva per fare il corpo, iniziando dal davanti. Spremete una goccia più piccola per l'ala, su cui disegnerete le piume con il coltellino a lama tonda.

5 Modellate il becco con la pasta di zucchero rossa o arancione e inseritelo nella crema di burro morbida.

6 Con un'altra tasca spremete una goccia di cioccolato fondente per disegnare l'occhio.

Il lago dei cigni

Create un cigno con la glassa bianca (vedere ricetta a pag. 10), iniziando dalla testa e dal lungo collo. Usate il cioccolato fondente per il becco scuro e gli occhi.

Cuor di leone

Ingredienti:

Cupcake

Crema di burro al cioccolato:

Seguite la ricetta a pag. 12; aggiungete 30 ml/2 cucchiai di cacao in polvere finché la crema raggiunge la colorazione desiderata

Pasta di zucchero colorata con le tinte dell'autunno per il muso (in alternativa, utilizzate le comuni caramelle mou: scaldatele nel palmo della mano e modellatele).

Un po' di cioccolato fondente sciolto per i lineamenti

Attrezzatura:

Tasche da pasticciere

Bocchette: a punta dentellata, spizzata o a stella

Piccolo matterello

Attrezzo per modellare con punta a fiore

Bastoncini da cocktail

Istruzioni:

1 Riempite con la crema al cioccolato una tasca con bocchetta a punta dentellata o pizzata o a stella.

2 Spremete delle linee ondeggianti partendo dal centro dei cupcake e terminando con la punta oltre il bordo esterno.

3 Modellate la pasta di zucchero (o le caramelle mou) e formate un cuore. Utilizzate la figura come esempio, oppure stendete la pasta e usate un tagliapasta a forma di cuore. Adagiate il cuore sul cupcake.

4 Modellate due piccoli ovali per le guance. Premeteli sul muso e fate dei forellini con i bastoncini da cocktail.

5 Modellate due piccole palline di pasta per le orecchie, appiattitele e ripiegatele.

6 Spremete con il cioccolato fuso gli occhi, il naso e le sopracciglia.

La tigre!

Per fare la tigre, usate una bocchetta a punta tonda e la crema di burro arancione (vedere ricetta a pag. 12). Create il muso nello stesso modo di quello del leone, usando la pasta di zucchero bianca. Usate il cioccolato fondente per le strisce, gli occhi, il naso e le sopracciglia.

Scacco matto

Ingredienti:

Cupcake con la superficie piatta (tagliate via la sommità, se necessario)

225 g di cioccolato fondente, sciolto

225 g di cioccolato bianco, sciolto

Attrezzatura:

Coltellino a lama tonda per decorare

Tasche da pasticciere

Carta da forno antiaderente

Modelli per i pezzi degli scacchi.

Istruzioni:

1 Riempite una piccola tasca con il cioccolato fondente sciolto e un'altra con il cioccolato bianco sciolto.

2 Usate i modelli per creare i pezzi degli scacchi sulla carta da forno. Metteteli in frigorifero finché si saranno induriti.

3 Spalmate i cupcake con cioccolato fondente.

4 Spremete delle sottili linee perpendicolari con il cioccolato bianco per disegnare una scacchiera. Riempite i quadratini alternativamente con il cioccolato bianco sciolto.

5 Quando i pezzi degli scacchi saranno duri, staccateli delicatamente dalla carta da forno e fissateli ai cupcake con una goccia di cioccolato sciolto.

Il Cavaliere Oscuro

Create un'intera scacchiera e decorate ogni pezzo con cioccolato di diverso colore. Se preferite il sapore del cioccolato bianco, iniziate spalmando quest'ultimo sui cupcake, al posto di quello fondente. Perfetto per i campioni di scacchi!

Trapuntina per bebè

Ingredienti:

Cupcake

Pasta di zucchero azzurra o rosa e bianca

Zucchero a velo per stendere la pasta di zucchero

Un po' di marmellata o crema di burro (vedere a pag. 12), per fissare la trapuntina ai cupcake

Attrezzatura:

Piccolo matterello

Griglie per bordure (potete anche ricavare il disegno sulla pasta di zucchero utilizzando un coltello e un righello)

Modelli dei piedini (in alternativa, potete modellare la pasta di zucchero a mano o spremere la glassa bianca con una tasca da pasticciere, vedere ricetta a pag. 10, seguendo l'esempio della fotografia)

Rotella o coltello

Modello quadrato di carta, leggermente più grande della superficie dei cupcake.

Pagina a fianco

Azzurro per un maschietto

Questi cupcake dai colori delicati sono perfetti per celebrare la nascita di un bebè o un battesimo.

Istruzioni:

1 Stendete la pasta di zucchero del colore che avete scelto, utilizzando lo zucchero a velo per evitare che aderisca alla superficie su cui lavorate.

2 Imprimete la griglia sulla pasta per farla sembrare una copertina trapuntata.

3 Tagliate un quadrato seguendo il modello di carta.

4 Spalmate sui cupcake una piccola quantità di crema di burro o marmellata e adagiatevi la copertina di glassa, con le punte che fuoriescono dai margini.

5 Create dei piedini con la pasta di zucchero bianca e fissateli sui cupcake.

Gomitoli di lana

Ingredienti:

Almeno 7 cupcake (tondi o piatti)

Glassa bianca (vedere pag. 10)

Coloranti alimentari: ho usato il giallo, il verde e il blu per abbinarli agli stampini, ma scegliete liberamente

Bastoncini per caramelle (nei negozi di dolciumi)

Un po' di pasta di zucchero bianca per le estremità degli aghi

Attrezzatura:

Tasche da pasticciere

Bocchette a punta tonda n. 3 o n. 4

Istruzioni:

1 Colorate come preferite la glassa bianca e riempite le tasche da pasticciere con le bocchette a punta tonda.

2 Spremete delle linee affiancate e incrociate su un cupcake come indicato nella fotografia, perché assomigli a un gomitolo di lana.

3 Spremete una striscia a spirale intorno a uno dei bastoncini e infilate la punta nel cupcake.

4 Continuate a spremere degli anelli di glassa intorno al bastoncino, come fosse un filo di lana.

5 Inserite un altro bastoncino nello stesso cupcake.

6 Inumidite l'estremità dei bastoncini e incollate una pallina di pasta di zucchero appiattita su ciascuno.

Questa selezione di cupcake colorati è perfetta per il compleanno di un'amica che adora lavorare a maglia.

Margherita

Ingredienti:

Almeno 9 cupcake dalla superficie piatta

Glassa bianca (vedere a pag. 10)

Coloranti alimentari: giallo per il centro del fiore e verde per le foglie

Attrezzatura:

Coltellino a lama tonda per decorare

Tasche da pasticciere

Bocchetta grande a punta tonda

Istruzioni:

1 Colorate di giallo una parte di glassa, di verde una seconda parte e lasciate bianca quella rimasta. Spalmate la glassa bianca sulla superficie di 6 cupcake.

2 Spremete dei grandi petali su ogni dolce, usando una bocchetta a punta tonda.

3 Spremete una grossa spirale gialla sopra un cupcake, usando la bocchetta a punta tonda più grande.

4 Spremete la glassa verde su due cupcake.

5 Formate le foglie (vedere pagina a fianco) usando una bocchetta a punta tonda o sagomata.

Festeggiate un appassionato di giardinaggio o un'amica di nome Margherita con questi strani cupcake.

Viva la Spagna!

Ingredienti:

Cupcake cotti in pirottini di carta rossi

Crema di burro
(vedere ricetta a pag. 12)

Colorante alimentare rosso

Zucchero colorato alimentare: rosso
e oro

Alcol alimentare

Pasta di zucchero da modellare

Attrezzatura:

Coltellino a lama tonda per decorare

Tasche da pasticciere

Bocchetta: con punta a stella o dentellata

Modello per il ventaglio.

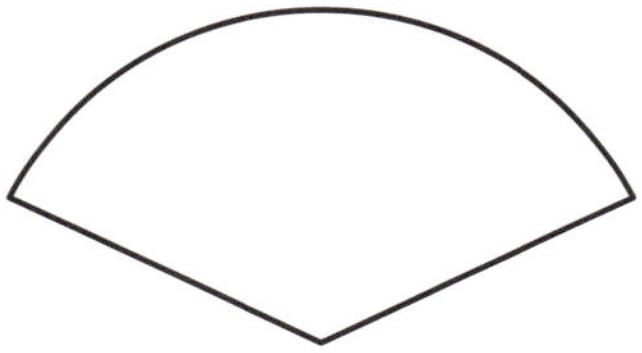

Istruzioni:

1 Preparate i ventagli stendendo la pasta da zucchero e seguendo il modello. Incidete le pieghe del ventaglio con il coltellino a lama tonda.

2 Colorate i ventagli con lo zucchero colorato e la polvere d'oro, diluiti nell'alcol. Lasciate asciugare i ventagli, possibilmente per una notte intera, girandoli di tanto in tanto.

3 Spalmate la superficie dei cupcake con la crema di burro rossa.

4 Decorate il bordo dei cupcake spremendo la crema di burro rossa con una bocchetta con punta a stella o dentellata.

5 Infilate i ventagli asciutti nella superficie dei cupcake.

Questi fantastici cupcake ricordano lo stile spagnolo, ma potete cambiare i colori e ispirarvi all'Oriente.

Panna con le fragole

Ingredienti:

Cupcake: come variante, potete mettere una fragola in ogni pirottino prima di versarvi l'impasto: cuocerà all'interno del cupcake.

Crema di cioccolato bianco: 1 parte di panna da montare ogni 3 parti di cioccolato bianco; per esempio:
150 g di panna da montare
450 g di cioccolato bianco

Fragole fresche

Attrezzatura:

Tasche da pasticciere

Bocchetta: con punta a stella grande o dentellata

Istruzioni:

1 Sciogliete il cioccolato bianco. Portate la panna a ebollizione e spegnete subito il fuoco. Mescolate gli ingredienti. Lasciate raffreddare in frigorifero finché la crema sarà sufficientemente densa per essere spremuta. Se è troppo densa, riportatela a temperatura ambiente oppure sbattetela con la frusta elettrica aggiungendo un po' di panna per renderla soffice.

2 Spremete una grande spirale sulla superficie di ogni cupcake, iniziando dal bordo esterno e terminando con l'apice al centro.

3 Decorate con una fragola fresca.

Pagina a fianco

Sogno di lamponi

Per una deliziosa variante al cioccolato fondente, sostituite i cupcake alla vaniglia con quelli al cioccolato, e mettete un lampone alla base di ciascun cupcake prima della cottura. La crema al cioccolato si prepara con le stesse quantità di cioccolato e crema di burro; per esempio: 300 g di panna da montare e 300 g di cioccolato fondente.

Gelato di riso soffiato

Ingredienti:

Coni di cialda per gelato a base piatta
Riso soffiato
100 g di cioccolato bianco, sciolto
Crema di burro (vedere a pag. 12)
Sciroppo per gelato, aromatizzato alla frutta

Attrezzatura:

Tasca da pasticciere
Bocchetta: con punta a stella grande o dentellata

Istruzioni:

1 Mescolate il cioccolato bianco sciolto con il riso soffiato, in quantità sufficiente per avvolgere i chicchi e incollarli fra loro. Riempite ogni cono creando una cupola (vedere sopra). Lasciate raffreddare.

2 Spremete una grande spirale sulla superficie di ogni cupcake, iniziando dal bordo esterno e terminando con l'apice al centro.

3 Versate infine lo sciroppo per gelato aromatizzato alla frutta.

Pagina a fianco

Questi gelati di riso soffiato si ispirano ai cupcake tradizionali, con un dolce di riso soffiato ricoperto alla base. Potete decorare con una composta di frutta preparata da voi o del cioccolato sciolto, e poi aggiungere dei confettini o della granella di nocciole.

Vaso di fiori

Ingredienti:

Cupcake al cioccolato, con superficie tonda

Bastoncini di biscotto ricoperti di cioccolato o bastoncini di cioccolato

Piccole caramelle di gelatina

Cioccolato bianco, sciolto

Attrezzatura:

Tasche da pasticciere, piccole

Carta da forno antiaderente

Istruzioni:

1 Spremete una piccola quantità di cioccolato bianco sciolto sulla carta da forno antiaderente. Adagiate l'estremità di un bastoncino nel cioccolato. Lasciate raffreddare e indurire (potete abbreviare i tempi mettendo bastoncino e cioccolato in frigorifero).

2 Quando il cioccolato sarà duro, spremete un'altra piccola quantità di cioccolato sopra la prima e fissatevi le gelatine in modo da formare un fiore. Per le foglie, aggiungete un paio di gelatine verdi in più in basso sul bastoncino, usando il cioccolato sciolto. Lasciate raffreddare e indurire.

3 Inserite il bastoncino di biscotto (o di cioccolato) al centro del cupcake.

Pagina a fianco

Questi vasetti di cupcake sono un'alternativa graziosa a un vaso di fiori come regalo, e un vero successo alle feste dei bambini.

Torta nuziale

Ingredienti:

Cupcake cotti in pirottini color argento, dalla superficie piatta

Cupcake cotti in pirottini color argento più piccoli

Glassa fondente (vedere a pag. 14)

Pasta di zucchero da modellare/pasta di gomma

Piccola quantità di crema di burro verde

Attrezzatura:

Matterello piccolo

Tagliapasta a forma di petalo

Tasche da pasticciere

Coltellino a lama tonda per decorare

Istruzioni:

1 Per creare una calla, stendete la pasta da zucchero o la pasta di gomma in uno strato sottile. Tagliate un petalo con il tagliapasta. Arrotolatelo fra le dita per formare una spirale con la punta del petalo in alto. Lasciate indurire.

2 Spalmate la glassa fondente su ogni cake, dopo averla scaldata, disponendo subito il cupcake più piccolo sopra quello grande in modo che aderisca.

3 Spremete le sottili foglie verdi sui dolci e inserite le calle nella giusta posizione.

Potete servire questi splendidi dolci anche in occasione di anniversari di matrimonio, cuocendoli in pirottini di diversi colori. Oppure, utilizzate dei pirottini dorati e tingete la glassa fondente di color avorio.

Buon Natale!

Ingredienti:

Cupcake

Glassa fondente (vedere a pag. 14)

Pasta di zucchero bianca o verde per gli abeti

Brillantini alimentari

Attrezzatura:

Forbici appuntite e affilate

Tasche da pasticciere

Coltellino a lama tonda per decorare

Istruzioni:

1 Create un cono appuntito con circa 20 g di pasta di zucchero. Iniziando dalla punta del cono, tagliate con le forbici delle "V" sulla superficie della pasta, lavorando intorno al cono e verso il basso, per dargli la forma dell'abete. Tagliate via la base del cono quando avete raggiunto la dimensione che desiderate.

2 Spalmate la superficie di ogni cupcake con la glassa fondente calda. Fissatevi l'albero mentre la glassa è ancora morbida.

3 Spolverate l'abete e il cupcake con i brillantini.

Fiocchi di neve

Per un'altra spettacolare leccornia natalizia, cuocete i cupcake in pirottini dorati e usate la pasta di zucchero bianca per fare gli abeti. Spremete una ghirlada di glassa fondente intorno all'albero con una tasca da pasticciere cui avrete tagliato via la punta.

Coccinella

Ingredienti:

Cupcake con la superficie tonda (scolpitela per ricavare una cupola)

Pasta di zucchero rossa

Pasta di zucchero nera

Piccola quantità di pasta di zucchero bianca per gli occhi

Crema di burro o marmellata per fissare la glassa

Zucchero a velo per stendere la pasta

Attrezzatura:

Piccolo matterello

Coltello a lama tonda per decorare

Tagliapasta a cerchio, piccoli

Istruzioni:

1 Ritagliate un cerchio di carta grande a sufficienza per coprire la superficie del cupcake. Potete usare una ciotola o un piattino come modello.

2 Spalmate un po' di crema di burro o di marmellata su ogni cupcake su cui fisserete la pasta di zucchero.

3 Stendete la pasta di zucchero rossa e ritagliate un cerchio usando il modello di carta. Adagiate la pasta sul cupcake e spianatela in modo uniforme. Con il coltello per modellare incidete una linea al centro per disegnare le ali.

4 Stendete la pasta di zucchero nera, ritagliate un cerchietto, inumiditelo con l'acqua e fissatelo sul bordo del cupcake per creare la testa. Tagliate via la pasta in eccesso sul bordo della pasta rossa.

5 Con il bordo di un piccolo tagliapasta premete sulla pasta per disegnare la bocca sorridente.

6 Potete usare i tagliapasta piccoli per fare le macchie nere sulle ali e gli occhi, oppure modellate la pasta a mano. Fate anche due piccoli cerchi di pasta di zucchero bianca e fissateli sulla testa, poi preparatene due più piccoli, neri, e aggiungeteli sulla pasta bianca. Fissate quindi i due cerchi di pasta neri più grandi sulle ali.

Un ape ronzante

Coprite il cupcake con un cerchio di pasta di zucchero nera. Create la testa nello stesso modo utilizzato per la coccinella. Tagliate le strisce di pasta di zucchero gialla e fissatele a quella nera. Potete creare le ali ritagliandole a forma di ovale nella carta velina. Fate un'incisione nella pasta nella giusta posizione e inseritele.

Albero genealogico

Ingredienti:

Preparate i cupcake necessari per comporre il vostro albero genealogico

Crema di burro (vedere a pag. 12)

Crema di burro al cioccolato; aggiungete fino a 30 ml/ 2 cucchiai di cacao in polvere alla crema di burro per ottenere il colore desiderato

Pasta di zucchero del colore che desiderate per la pelle

Colorante alimentare nero per gli occhi

Colorante alimentare per i capelli e verde per le foglie

Attrezzatura:

Coltello a lama tonda per decorare

Tasche da pasticciere

Bocchette: a punta tonda n. 2 e a foglia

Bastoncini da cocktail

Cannuccia: tagliate l'estremità ad angolo per disegnare le bocche

Istruzioni:

1 Modellate la pasta di zucchero color pelle in forma ovale e rotonda per fare le facce. Incidete un sorriso su ciascuna con l'estremità della cannuccia.

2 Modellate i nasi e fissateli sulle facce; potete anche creare le orecchie, se ritenete.

3 Spalmate la crema di burro al cioccolato su ogni cupcake, e adagiatevi le facce premendo delicatamente.

4 Disegnate gli occhi inserendo nella faccia un bastoncino da cocktail dopo averne intinto l'estremità nel colorante nero.

5 Scrivete il nome su ogni cupcake spremendo la crema di burro.

6 Colorate piccole quantità di crema di burro per fare i capelli e poi spremetela con le tasche da pasticciere.

7 Colorate di verde un po' di crema di burro e con la bocchetta dalla punta a foglia create le foglie sui cupcake.

Questa collezione di cupcake è una deliziosa sorpresa per una riunione di famiglia, il compleanno dei nonni o per un nuovo arrivo in famiglia. Potete realizzare le foglie con diversi tagliapasta invece che con la tasca da pasticciere. E al posto dell'albero genealogico potete preparare dei cupcake con i nomi dei bambini che partecipano a una festa.

Anello di fidanzamento

Ingredienti:

Cupcake cotti in pirottini dorati

Altri pirottini dorati da utilizzare come coperchi

Glassa fondente (vedere a pag. 14)

Bastoncini di biscotto ricoperti di cioccolato

Piccola quantità di pasta di zucchero per l'anello

Caramelle di gelatina trasparenti

Brillantini alimentari

Polvere d'oro alimentare

Alcol alimentare per dipingere

Attrezzatura:

Coltello a lama tonda per decorare

Forbici affilate e appuntite

Istruzioni:

1 Spalmate la glassa fondente calda su ogni cupcake. Inserite nei cupcake due bastoncini di biscotto ricoperti di cioccolato per sorreggere il "coperchio".

2 Modellate un sottile cilindro di pasta di zucchero e fissatelo sopra il cupcake in modo che sembri un anello. Create un solco dove montare il "diamante". Dipingete l'anello con la polvere d'oro alimentare.

3 Con le forbici affilate, scolpite una gelatina trasparente a forma di diamante e poi immergetela nei brillantini alimentari per renderla luccicante. Fissatela all'anello dopo averla inumidita nell'acqua (non bagnata).

4 Versate un po' di glassa fondente calda in un pirottino vuoto. Quando si sarà raffreddata e rappresa (occorre qualche minuto) capovolgete il pirottino e inserite delicatamente i bastoncini di biscotto nella glassa, per realizzare il coperchio.

Una squisitezza dolce e romantica per una festa di fidanzamento! Con le gelatine colorate potete realizzare le diverse pietre preziose.

Trifoglio

Ingredienti:

Cupcake

Pasta di zucchero arancione

Pasta di zucchero verde

Piccola quantità di crema di burro o di marmellata

Zucchero a velo

Attrezzatura:

Tagliapasta rotondo dai margini ondulati, leggermente più grande dei vostri cupcake

Tagliapasta a forma di cuore

Coltello a lama tonda per decorare

Matterello

Istruzioni:

1 Spalmate un po' di marmellata o di crema di burro sul cupcake.

2 Stendete la pasta di zucchero arancione, dopo aver spolverato il piano di lavoro con lo zucchero a velo perché non aderisca.

3 Tagliate la pasta di zucchero con il tagliapasta più grande e adagiatela sul cupcake. Ammorbiditela con le mani.

4 Stendete la pasta di zucchero verde e ritagliate tre cuori con il tagliapasta a forma di cuore, per formare il trifoglio. Adagiateli sul cupcake come indicato nella figura. Se è necessario, inumidite la parte inferiore dei cuori per fissarli.

5 Formate un gambo sottile con la pasta di zucchero verde.

Un cardo dolce

Usate la pasta di zucchero viola per ricoprire i cupcake. Fissate una pallina appiattita di pasta viola e incidete i petali come illustrato. Stendete la pasta di zucchero verde e tagliate con il tagliapasta due foglie di agrifoglio e la parte centrale a mano. Fissate il centro alla base del fiore, dopo aver inciso delle "V". Fissate le due foglie di agrifoglio e disegnate le venature con il coltello.

Biscotti decorati

di Lisa Slatter

I biscotti sono facili da preparare, divertenti da decorare e squisiti da mangiare. Che siate alle prime armi o provetti decoratori di dolci, in questo libro troverete certamente qualcosa di speciale per ispirarvi.

I biscotti sono un regalino perfetto, e si possono ideare, decorare e personalizzare per un'occasione speciale. Se non avete tempo, potete utilizzare dei biscotti comprati già pronti. Scegliete preferibilmente dei frollini, ma anche il pan di zenzero è adatto. I biscotti soffici e umidi, per quanto deliziosi, non sono adatti per essere decorati, perché sono troppo fragili e si sbriciolerebbero.

Conservazione

Una volta raffreddati, potete conservare i biscotti non decorati in un contenitore ermetico anche per un mese. Oppure, potete congelarli fino al momento dell'utilizzo. Accertatevi però che siano completamente scongelati e asciutti prima di decorarli, perché l'umidità o la condensa scioglierebbero la glassa e i colori.

È meglio consumare i biscotti decorati entro un paio di settimane, in base alla ricetta che avete scelto. Avvolgeteli in sacchetti di cellophane da regalo e chiudeteli con un nastrino. Non conservate i biscotti decorati in un contenitore ermetico, perché la glassa rilascerebbe umidità, provocando la muffa e sciogliendo i colori.

Glassa reale

La glassa reale si usa per disegnare i dettagli sui biscotti. Si compra in confezioni pronte all'uso nei negozi di pasticceria oppure online, ma è molto facile e veloce da fare: sbattete leggermente un albume d'uovo e aggiungete, sbattendo lentamente, 250 g di zucchero a velo setacciato. Quando il composto diventa brillante e forma dei picchi, è pronto per l'uso.

Cuocere i biscotti

Ho seguito questa ricetta per preparare tutti i biscotti presenti in questo libro. Otterrete biscotti sodi e squisiti, semplici da realizzare e una base perfetta per le decorazioni.

Le quantità indicate sono sufficienti per circa 15 biscotti di dimensione media.

Ingredienti:

200 g di zucchero a velo

200 g di burro dolce o margarina

1 uovo

400 g di farina

Ulteriore farina per impastare e stendere la pasta

Tempo di preparazione: 8 minuti

Tempo di cottura: 8-10 minuti, 180 °C (termostato 4)

Aromi alternativi:

Biscotti al cioccolato: sostituite 50 g di farina con 50 g di cacao in polvere

Biscotti con scorza di limone o di arancia: aggiungete la scorza di un'arancia o di un limone.

Biscotti alla vaniglia: aggiungete i semi di un baccello di vaniglia o ½ cucchiaino di essenza di vaniglia di buona qualità.

Preparazione:

1 Mettete lo zucchero a velo e il burro o la margarina nella ciotola del mixer, insieme agli altri eventuali aromi e sbattete fino a ottenere un composto cremoso.

2 Rompete un uovo in una ciotola e sbattetelo leggermente con una forchetta o una piccola frusta.

3 Aggiungete l'uovo sbattuto al composto cremoso insieme a tutta la farina. Amalgamate delicatamente. Se usate il mixer, montate le palette e programmate la velocità più bassa. L'impasto all'inizio assomiglierà a briciole di pane, ma alla fine diventerà omogeneo.

4 Raccogliete la pasta e, se necessario, impastatela a mano per incorporare tutti gli ingredienti.

5 Mettetela in un sacchetto di plastica e conservatela in frigorifero per almeno due ore prima dell'uso, per impedire all'impasto di distendersi durante la cottura. Potete anche congelare l'impasto, ma scongelatelo perfettamente prima di usarlo.

Cottura:

Biscotti tagliati con il tagliapasta

1 Preriscaldate il forno a 180 °C (termostato 4). Ungete leggermente la teglia con l'olio spray.

2 Togliete l'impasto dal frigorifero e impastatelo leggermente. Stendetelo su una superficie infarinata, usando i distanziatori per ottenere uno spessore uniforme.

3 Usate i tagliapasta per ottenere le forme desiderate e adagiate i biscotti sulla teglia con una paletta. Cuocete biscotti della stessa dimensione, per una cottura uniforme.

4 I biscotti devono cuocere per 8-10 minuti finché diventano dorati. Sfornateli e adagiateli su una griglia a raffreddare. I biscotti devono essere soffici ed elastici al tatto, ma diventeranno ben sodi una volta freddi.

Biscotti cotti in teglia con stampini e con bastoncini per biscotti

Nota: usate solo bastoncini che possono essere messi in forno e sopportano le alte temperature. I bastoncini per lecca-lecca non vanno bene.

1 Ungete leggermente gli stampi per biscotti con olio.

2 Riempite gli stampini della teglia con l'impasto, quasi fino all'orlo. Se volete cuocere i biscotti con i bastoncini, inserite questi ultimi sul retro dell'impasto e premete leggermente. Coprite i bastoncini con dell'altro impasto e rimetteteli negli stampini. Cuocete i biscotti seguendo le indicazioni di quelli preparati con il tagliapasta.

3 In alternativa, potete inserire i bastoncini per biscotti non appena sfornate, quando l'impasto è ancora morbido ed elastico. Potete usare questo sistema anche per i biscotti preparati con il tagliapasta.

Attrezzatura

Per preparare i biscotti presentati in questo libro vi serviranno i dosatori per pesare gli ingredienti; un mixer elettrico provvisto di palette; una spatola; una forchetta o una piccola frusta; un bricchetto; sacchetti di plastica; una teglia; olio per ungere; distanziatori; un matterello grande; una paletta; una scelta di tagliapasta, di metallo e di plastica; bastoncini per biscotti lunghi 15 e 20,5 cm (adatti alla cottura in forno); teglie con stampi per biscotti di varie forme; una griglia per raffreddare i biscotti; un recipiente ermetico.

Tutta l'attrezzatura necessaria per dedicarvi alla decorazione dei biscotti.

Fare le facce

Per dare vita ai vostri personaggi, aggiungete i dettagli dei visi modellati e colorati con cura. Ecco alcune semplici tecniche per creare le facce.

Bocca

1 Premete sulla pasta di zucchero la base del bordo di un tagliabiscotti rotondo e ruotatela da una parte all'altra.

2 Con un pennello e un po' di colorante alimentare in polvere rosa aggiungete una lieve sfumatura rosa alla bocca, passando il pennello nel solco.

Guance

Con un pennello piatto e un po' di colorante alimentare in polvere rosa aggiungete colore alle guance con un movimento circolare.

Occhi

1 Premete sulla pasta di zucchero con uno strumento a sfera per modellare e create un solco tondo.

2 Spostate in alto e in basso lo strumento per cambiare la forma del solco in un ovale.

3 Riempite la forma ovale con una pallina di pasta di zucchero bianca, appiattita.

4 Premete sulla pasta di zucchero bianca con uno strumento a sfera per modellare e create un solco tondo.

5 Riempitelo con una pallina di pasta di zucchero colorata.

6 Create quindi un piccolissimo solco.

7 Riempitelo con una pallina di pasta di zucchero nera.

8 Dipingete un riflesso bianco sulla parte nera dell'occhio con il colorante in polvere diluito con alcol alimentare bianco.

9 Disegnate una sottile linea nera per le ciglia e le sopracciglia. Usate il colorante alimentare per pasta nero diluito in alcol bianco.

Orecchie

1 Modellate una pallina di pasta di zucchero.

2 Tagliatela a metà.

3 Appiattitela e fissatela a lato della testa con un po' d'acqua. Datele la forma giusta con uno strumento a sfera per modellare.

Naso

1 Create un solco tondo con lo strumento a sfera per modellare.

2 Modellate una pallina di pasta di zucchero e fissatela nel solco.

3 Appiattitela leggermente e create due buchini per le narici con lo strumento per modellare. Sfumate con un po' di colorante alimentare rosa in polvere.

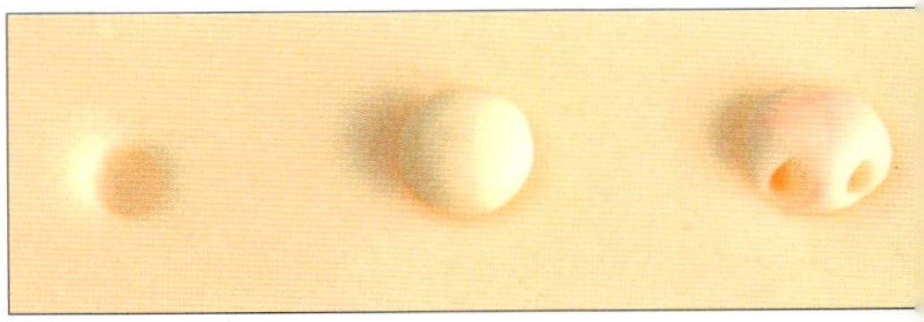

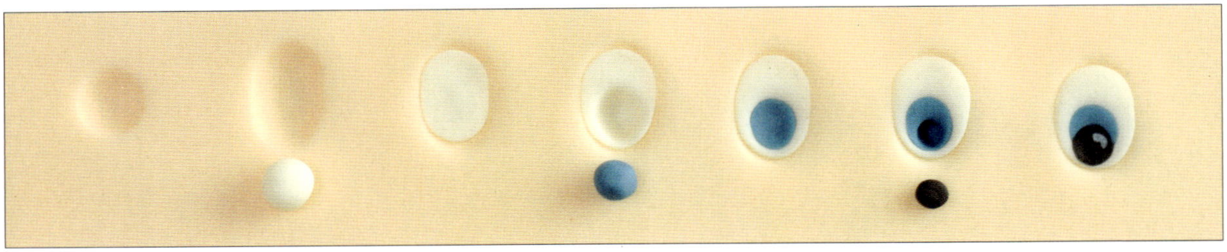

Ehi, di bordo!

Ingredienti:

Biscotti tondi

Pasta di zucchero (o glassa fondente in rotolo): marrone scuro, marrone chiaro, nera, rossa, bianca, gialla

Colorante alimentare: marrone scuro

Colorante alimentare in polvere: rosa, bianco, oro

Alcol alimentare bianco (o estratto di limone)

Zucchero a velo

Attrezzatura:

Matterello lungo 23 cm

Strumento a sfera per modellare

Strumento per modellare le venature di foglie e fiori

Pennello sottile

Pennello piatto da 12 mm

Tagliabiscotti rotondo (diametro 25 mm)

Coltellino affilato

Bocchetta per tasca da pasticciere tonda (6 mm di diametro)

Istruzioni:

1 Spolverate il piano di lavoro con lo zucchero a velo e stendete un po' di pasta di zucchero marrone chiaro. Capovolgetela e spennellatela d'acqua con il pennello piatto.

2 Coprite il biscotto con la pasta di zucchero, facendola scivolare lungo i bordi. Stendetela bene e tagliate via l'eccedenza con un coltello.

3 Tagliate una striscia grande di pasta di zucchero rossa e fissatela di traverso sulla testa, stendendola sui bordi. Tagliate via l'eccedenza e con lo strumento per modellare incidete tre linee in diagonale.

4 Con lo strumento a sfera per modellare disegnate i lineamenti del viso: un solco al centro per il naso e due più grandi, sopra, per gli occhi.

5 Premete il bordo di un tagliabiscotti sulla pasta di zucchero, sotto il naso, per creare la bocca. Vedere a pag. 55: "Realizzare le facce".

6 Modellate una pallina di pasta e fissatela al posto del naso. Create le narici con lo strumento per modellare (vedere a pag. 55).

7 Modellate una pallina di pasta di zucchero e dividetela a metà per fare le orecchie. Appiattite le due metà, attaccatele ai lati della testa e poi scavatele e modellatele con lo strumento a sfera (vedere a pag. 55).

8 Spolverate le guance e date una sfumatura rosa alla bocca con un pennello e il colorante alimentare in polvere.

9 Create l'occhio seguendo le istruzioni a pag. 55.

10 Tagliate un cerchio di pasta di zucchero nera, e poi una piccola striscia da un lato per formare la benda e fissatela dove dovrebbe trovarsi l'altro occhio. Assicuratevi che il lato dritto sia a contatto con il bordo inferiore del cappello.

11 Per i capelli, attaccate ai lati della testa piccoli ovali appiattiti di pasta di zucchero marrone scuro, intorno agli occhi, e sagomateli con lo strumento per modellare le venature.

12 Modellate due piccoli coni di pasta di zucchero rossa, appiattiteli e fissateli al bordo del cappello, da un lato. Aggiungetevi una pallina di pasta di zucchero rossa e disegnate il pon pon con lo strumento per modellare le venature.

13 Per gli orecchini, modellate due palline di pasta di zucchero gialla, appiattitele, e poi create un buco al centro di ognuna con la bocchetta. Fissateli alla base delle orecchie con un po' d'acqua e poi dipingetele con la polvere d'oro alimentare diluita in un po' d'alcol alimentare.

14 Dipingete la barba con il pennello sottile e il colorante per pasta marrone scuro diluito con un po' di alcol bianco.

Provate a cambiare i colori,
per una pelle più chiara
e un pirata biondo.

Abracadabra!

Ingredienti:

Biscotti a forma di cono gelato

Pasta di zucchero (o glassa fondente in rotolo): marrone scuro, verde, bianca, nera, gialla

Colorante alimentare per pasta: nero o marrone scuro

Colorante alimentare in polvere: rosa, bianco

Alcol alimentare bianco (o estratto di limone)

Zucchero a velo

Attrezzatura:

Matterello lungo 23 cm

Strumento a sfera per modellare

Strumento per modellare le venature di foglie e fiori

Pennello sottile

Pennello piatto da 12 mm

Coltellino affilato

Bocchetta per tasca da pasticciere

Tagliabiscotti a forma di stella (diametro 25 mm)

Tagliabiscotti a timbro a forma di stella (10 mm)

Taglianastri a rullo o minirotella

Istruzioni:

1 Spolverate il piano di lavoro con lo zucchero a velo e stendete un po' di pasta di zucchero verde. Capovolgetela e spennellatela d'acqua con il pennello piatto.

2 Coprite il biscotto con la pasta di zucchero, facendola scivolare lungo i bordi. Stendetela bene e tagliate via l'eccedenza con un coltello.

3 Tagliate una striscia grande di pasta di zucchero nera e fissatela sulla parte superiore del biscotto, per fare il cappello. Fate scivolare la pasta sui lati e tagliate via l'eccedenza come prima.

4 Con lo strumento a sfera per modellare disegnate i lineamenti del viso. Iniziate al centro con un piccolo solco per il naso, poi scavate due ovali per gli occhi.

5 Premete il bordo di un tagliabiscotti sulla pasta di zucchero, sotto il naso, per disegnare la bocca.

6 Create gli occhi, il naso e la bocca seguendo le istruzioni a pag. 55.

7 Appiattite alcune gocce di pasta di zucchero marrone e fissatele ai lati della testa per creare i ciuffi. Unitele e disegnate i capelli praticando delle incisioni sulla superficie con lo strumento per modellare le venature, dall'alto in basso.

8 Aggiungete i codini a forma di goccia alla base dei capelli, su entrambi i lati. Disegnate le venature come prima.

9 Modellate la frangia da due piccoli cilindri di pasta di zucchero marrone. Stendeteli alla base del cappello e sopra i capelli. Disegnate le venature come prima.

10 Per la falda del cappello, tagliate una striscia di pasta di zucchero nera e fissatela di traverso sulla base del cappello, coprendo il margine dei capelli. Tagliate una striscia di pasta di zucchero gialla con il taglianastri a rullo e posizionatela al centro della falda del cappello. Tagliate l'eccedenza con un coltellino affilato.

11 Ritagliate una stella di pasta gialla e fissatevi sopra una stellina nera, e poi incollate entrambe al centro del cappello, in alto. Ripetete l'operazione, invertendo i colori, per realizzare altre due stelline, che fisserete sui codini di capelli della streghetta, ai lati del viso.

Usate lo stesso metodo, ma cambiate i colori per realizzare la Befana o una fatina.

Coniglietti

Ingredienti:

Biscotti a forma di coniglietti

Pasta di zucchero (o glassa fondente in rotolo): marrone chiaro e scuro, bianca, rosa, nera

Colorante alimentare per pasta: marrone scuro

Colorante alimentare in polvere: rosa, bianco, marrone

Alcol bianco (o estratto di limone)

Zucchero a velo

Attrezzatura:

Matterello lungo 23 cm

Strumento a sfera per modellare

Strumento per modellare le venature di foglie e fiori

Pennello sottile

Pennello piatto da 12 mm

Coltellino affilato

Istruzioni:

1 Spolverate il piano di lavoro con lo zucchero a velo e stendete un po' di pasta di zucchero marrone chiaro. Capovolgetela e spennellatela d'acqua con il pennello piatto.

2 Coprite il biscotto con la pasta di zucchero, facendola scivolare lungo i bordi. Stendetela bene e tagliate via l'eccedenza con un coltello.

3 Con lo strumento a sfera per modellare disegnate i lineamenti del viso. Iniziate al centro con un piccolo solco per il naso, poi scavate due ovali per gli occhi.

4 Premete con lo strumento a sfera per scavare due lunghi solchi ovali nelle orecchie. Modellate due piccoli cilindri di pasta di zucchero rosa, fissatene uno in ogni solco, appiattiteli e stendeteli con le dita.

5 Modellate una pallina di pasta di zucchero marrone chiaro grande come una bilia e tagliatela a metà. Modellate ogni metà a forma di cono. Fissate i due coni sul biscotto orizzontalmente, con le punte incrociate, sotto il solco del naso.

6 Appiattite leggermente i due coni, poi passate ripetutamente lo strumento per le venature sulla superficie, dall'interno verso l'esterno, per dare l'effetto del pelo.

7 Con lo stesso strumento disegnate il pelo sul mento, sui bordi del biscotto, la base delle orecchie e sopra il naso. Spolverate su queste zone con il colore in polvere marrone e bianco.

8 Attaccate una goccia di pasta di zucchero bianca nella zona centrale, sotto le guance. Appiattitela e poi incidetela a metà con lo strumento per le venature, per fare i denti.

9 Spolverate le guance e il centro delle orecchie con un po' di colorante in polvere rosa.

10 Preparate un piccolo cono di pasta di zucchero marrone; inseritelo con la punta rivolta verso il basso nel solco del naso. Appiattitelo leggermente e poi create due piccoli buchini per le narici. Colorate il naso con il colorante per la pasta nero diluito con l'alcol bianco.

11 Create gli occhi seguendo le istruzioni a pag. 55.

Preparate il coniglio bianco nello stesso modo, ma cambiate il colore della glassa e, quando dipingete gli occhi, aggiungete lunghe ciglia femminili.

Pupazzi di neve

Ingredienti:

Biscotti a forma di pupazzo di neve

Pasta di zucchero (o glassa fondente): bianca, azzurra, nera, marrone, verde, rossa, arancione

Colorante alimentare per pasta: nero

Colorante alimentare in polvere: bianco, rosa

Alcol bianco (o estratto di limone)

Zucchero a velo

Lucidante spray alimentare: perlaceo

Polvere brillante alimentare

Attrezzatura:

Matterello lungo 23 cm

Strumento a sfera per modellare

Strumento per modellare le venature di foglie e fiori

Pennello sottile

Coltellino affilato

Pennello piatto da 12 mm

Tagliabiscotti rotondo (diametro di 25 mm)

Tagliabiscottti a forma di agrifoglio a tre foglie

Bocchetta per tasca da pasticciere tonda (6 mm di diametro)

Istruzioni:

1 Stendete la pasta di zucchero bianca. Coprite il biscotto con la pasta di zucchero, facendola scivolare lungo i bordi. Spianatela bene e tagliate via l'eccedenza con un coltello.

2 Con lo strumento per modellare le venature fate due solchi sotto le braccia. Spruzzate il lucidante perlaceo su tutto il biscotto.

3 Con lo strumento a sfera per modellare fate tre solchi tondi in corrispondenza dei bottoni. Modellate tre palline di pasta di zucchero nera, fissatele in posizione e appiattitele leggermente.

4 Tagliate una striscia larga di pasta di zucchero marrone. Fissatela sulla testa, in alto e sui lati, per creare il cappello. Stendetela e togliete l'eccedenza con un coltello.

5 Con lo strumento per le venature create due pieghe orizzontali, sopra la base, per creare la falda del cappello.

6 Con il tagliapasta ritagliate tre piccole foglie di agrifoglio e fissatele sulla falda del cappello. Aggiungete tre minuscole palline rosse di pasta di zucchero per le bacche.

7 Tagliate tre strisce sottili di pasta di zucchero azzurra. Attaccatele intorno al collo e tagliate via l'eccedenza che userete per fare la sciarpa. Con lo strumento per le venature disegnate la frangia alle estremità delle strisce avanzate, poi fissatele al loro posto. Sempre con lo strumento per le venature, disegnate il nodo e le pieghe della sciarpa.

8 Scavate i solchi per il naso e per gli occhi.

9 Premete la base di un tagliapasta tondo sotto il naso per disegnare la bocca. Con la bocchetta della tasca da pasticciere disegnate le due gote ai lati della bocca.

10 Spolverate le guance e la bocca con il colorante in polvere rosa.

11 Riempite le fossette degli occhi con due piccole palline di pasta di zucchero nera e appiattitele.

12 Dipingete un riflesso chiaro con il colorante in polvere bianco e le sopracciglia con il colorante per pasta nero, entrambi diluiti con alcol bianco.

13 Modellate il naso di carota da un cono di pasta di zucchero arancione e fissatelo sulla faccia.

14 Mescolate la polvere brillante alimentare con l'alcol bianco e decorate la sciarpa e il cappello.

Cambiate il colore e aggiungete i paraorecchie. Modellate una pallina di pasta di zucchero lilla, tagliatela a metà e fissatela ai lati della testa. Tagliuzzate la pasta con le forbici per creare l'effetto del peluche.

Jingle Bells

Ingredienti:

Biscotti a forma di campanella

Pasta di zucchero (o glassa fondente): bianca

Lucidante alimentare spray: perlaceo e dorato

Zucchero a velo

Vernice brillante per dolci

Attrezzatura:

Matterello lungo 23 cm

Tagliabiscotti a forma di campanella (della stessa misura di quello usato per i biscotti)

Taglianastri a rullo o rotellina

Stuoia di goffratura

Pennello sottile

Pennello piatto da 12 mm

Coltellino affilato

Istruzioni:

1 Spolverate il piano di lavoro con lo zucchero a velo e stendete un po' di pasta di zucchero bianca con uno spessore di circa 3 mm. Spolverate la superficie con un po' di zucchero a velo.

2 Adagiate la stuoia di goffratura sulla pasta di zucchero e passateci il matterello per imprimere il disegno sulla pasta. Sollevate delicatamente la stuoia.

3 Ritagliate una campanella con il tagliabiscotti.

4 Capovolgete la pasta di zucchero e spennellate con il pennello piatto la superficie posteriore con un po' d'acqua bollita e raffreddata.

5 Adagiate la pasta di zucchero sul biscotto e fissatela in posizione delicatamente, senza appiattire il disegno in rilievo.

6 Spruzzate il lucidante alimentare perlaceo su tutto il biscotto.

7 Usate il lucidante dorato per i dettagli: spruzzatelo in un piatto e con il pennello sottile dipingete il disegno in rilievo sulla superficie della campanella.

8 Con il taglianastri o la rotellina ritagliate due striscioline di pasta di zucchero e fissatele alla base della campanella con un po' d'acqua, distanziandole leggermente. Rifilate con un coltellino affilato.

9 Dipingete con lo spray dorato la sommità della campanella, il batacchio e le strisce.

10 Per fissare il colore e aggiungere lucentezza, passate le zone dorate con la vernice brillante per dolci.

Create una versione alternativa in occasione di un matrimonio o della nascita di un bebè ricoprendo il biscotto con la pasta da zucchero decorata con piccole margheritine. Sbalzatele con la stuoia di goffratura e spruzzate il lucidante alimentare perlaceo su tutto il biscotto, dopo aver dorato i dettagli.

Ecco il bebè!

Ingredienti:

Biscotti rotondi

Pasta di zucchero (o glassa fondente): marrone chiaro, pesca, nera, rosa

Colorante alimentare per pasta: marrone scuro

Colorante alimentare in polvere: rosa, bianco

Alcol alimentare bianco (o estratto di limone)

Zucchero a velo

Attrezzatura:

Matterello lungo 23 cm

Strumento a sfera per modellare

Strumento per modellare le venature di fiori e foglie

Pennello sottile

Pennello piatto da 12 mm

Tagliabiscotti rotondi (diametro di 45 e 25 mm)

Coltellino affilato

Bocchetta per tasca da pasticciere tonda (6 mm di diametro)

Istruzioni:

1 Spolverate il piano di lavoro con lo zucchero a velo e stendete un po' di pasta di zucchero color pesca. Capovolgetela e spennellatela d'acqua con il pennello piatto.

2 Coprite il biscotto con la pasta di zucchero, facendola scivolare lungo i bordi. Stendetela bene e tagliate via l'eccedenza con un coltello.

3 Con lo strumento a sfera per modellare disegnate i lineamenti del viso. Iniziate al centro con un piccolo solco per il naso, poi scavate due solchi più grandi per gli occhi.

4 Premete la base di un tagliabiscotti (del diametro di 45 mm) sotto il naso per disegnare la bocca. Con la bocchetta della tasca da pasticciere da 6 mm disegnate le due gote ai lati della bocca.

5 Modellate una pallina di pasta di zucchero e fissatela al posto del naso. Con lo strumento per le venature create le due narici (vedere a pag 55).

6 Modellate una pallina di pasta di zucchero e tagliatela a metà per fare le orecchie. Appiattite le due metà e fissatele ai lati della testa e poi scolpitele e modellatele con lo strumento a sfera (vedere a pag. 55).

7 Con il pennello piatto e il colorante in polvere rosa aggiungete una sfumatura alle estremità della bocca. Passate lo stesso pennello lungo la bocca.

8 Modellate due palline di pasta di zucchero nera e fissatele nella posizione degli occhi. Adattatele con le dita.

9 Dipingete un riflesso negli occhi con il colorante in polvere bianco diluito in un po' d'alcol. Disegnate le ciglia e le sopracciglia con il colorante per pasta marrone scuro.

10 Per i capelli, modellate tre cilindri sottili di pasta di zucchero marrone chiaro, attorcigliateli e fissateli sulla testa, in alto, con un po' d'acqua.

11 Per il nastro, tagliate un cerchio di pasta di zucchero rosa con il tagliabiscotti del diametro di 25 mm e poi dividetela a metà per ottenere due semicerchi. Piegate ogni semicerchio a metà e fissate entrambi alle estremità con un po' d'acqua. Incollateli sulla testa nello stesso modo.

12 Mettete una pallina di pasta di zucchero rosa al centro del nastro. Appiattitela e disegnate il dettaglio con lo strumento per le venature.

Per realizzare un maschietto, fissate il fiocco con un po' acqua sotto il mento per creare il farfallino.

Farfallina magica

Ingredienti:

Biscotti a forma di farfalla

Pasta di zucchero (o glassa fondente): rosa scuro, bordeaux, arancione

Zucchero a velo

Alcol alimentare bianco (o estratto di limone)

Colorante alimentare in polvere: oro

Perline di zucchero: rosa

Attrezzatura:

Matterello lungo 23 cm

Tagliabiscotti a forma di farfalla

Pennello sottile

Pennello piatto da 12 mm

Tagliabiscotti a forma di petalo di rosa: grande

Strumento per modellare con punta a cono stellato

Strumento per modellare le venature di fiori e foglie

Tagliabiscotti a forma di foglia

Strumento a sfera per modellare

Istruzioni:

1 Spolverate il piano di lavoro con lo zucchero a velo e stendete un po' di pasta di zucchero rosa scuro. Ricavate la farfalla con il tagliabiscotti.

2 Spennellate il retro della farfalla con un po' d'acqua e fissatela al biscotto. Stendetela delicatamente, con particolare attenzione ai bordi, accompagnando la pasta da zucchero con le dita per arrotondarla.

3 Con lo strumento per le venature incidete un solco per separare le ali superiori da quelle inferiori, e lungo il centro della farfalla. Modellate un cilindro di pasta di zucchero arancione per il corpo e fissatelo al suo posto con un po' d'acqua.

4 Spennellate il corpo con un po' d'acqua, e poi fissate una serie di palline di pasta di zucchero rosa nella pasta arancione. Dipingete la parte superiore delle palline rosa con il colorante in polvere dorato diluito in un po' d'alcol.

5 Stendete uno strato di pasta di zucchero bordeaux abbastanza sottile. Ricavate due foglie e fissatele sulle ali inferiori. Incidete le venature al centro con lo strumento adatto. Dipingete le venature d'oro.

6 Tagliate due grandi petali di rosa e fissateli sulle ali superiori con un po' d'acqua. Incidete tre venature al centro dei petali e dipingetele d'oro.

7 Con lo strumento a sfera per modellare create un solco tondo alle estremità delle foglie e di ogni venatura dei petali. Modellate delle palline di pasta di zucchero arancione e fissatele nei solchi. Ora premete al centro di ogni pallina con lo strumento per decorare dalla punta a cono, per dare l'effetto di una stella. Dipingete con il colorante d'oro.

8 Con il pennello fine, dipingete un contorno dorato intorno alla farfalla. Aggiungete i dettagli sulla superficie con il colorante in polvere d'oro diluito in un po' d'alcol.

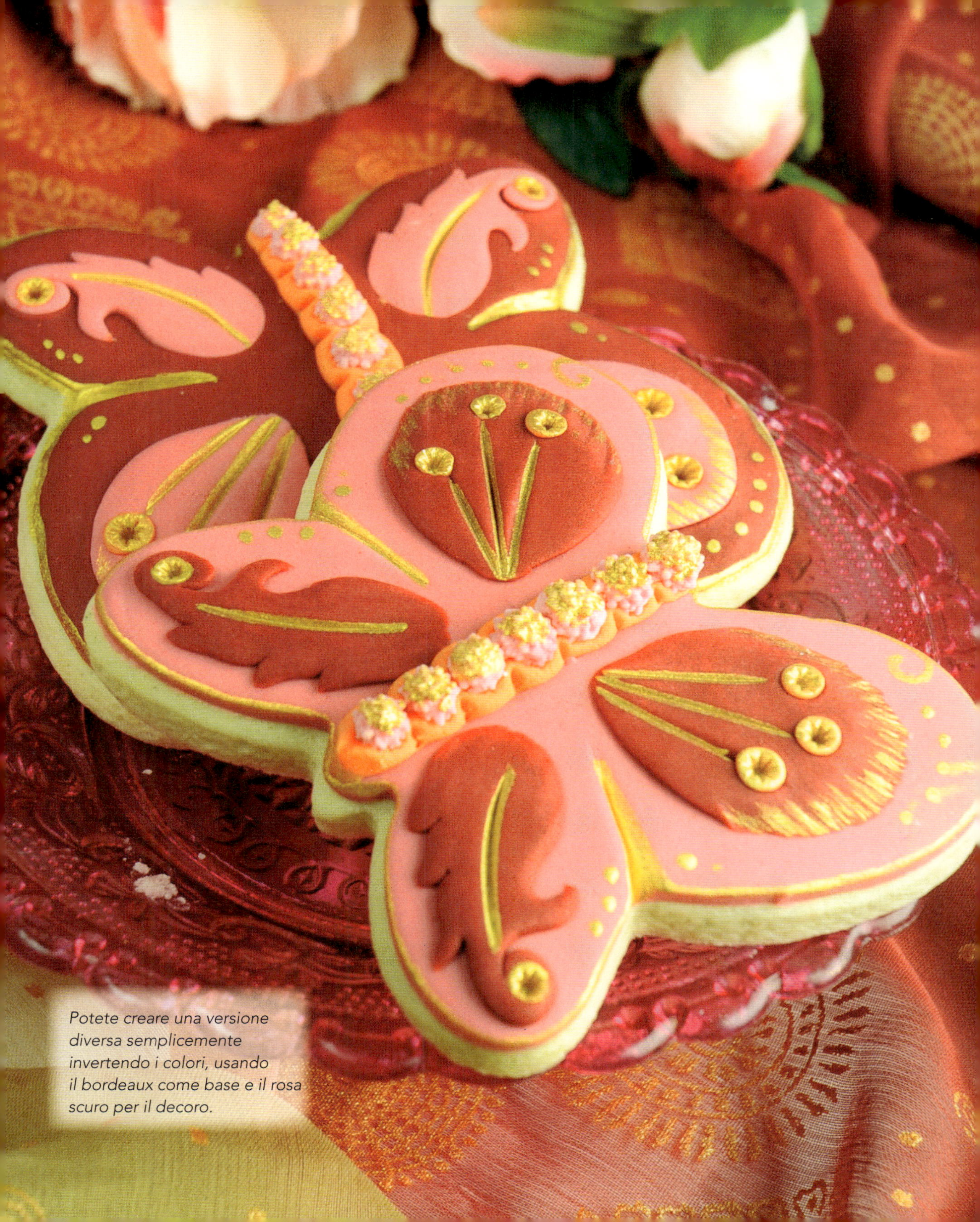

Potete creare una versione diversa semplicemente invertendo i colori, usando il bordeaux come base e il rosa scuro per il decoro.

Agrifoglio

Ingredienti:

Biscotti a forma di foglia di agrifoglio

Pasta di zucchero (o glassa fondente): verde scuro, rossa

Vernice brillante per dolci

Zucchero a velo

Attrezzatura:

Matterello lungo 23 cm

Tagliabiscotti a forma di foglia di agrifoglio

Strumento per modellare le venature di fiori e foglie

Strumento a sfera per modellare

Pennello sottile

Pennello piatto da 12 mm

Istruzioni:

1 Spolverate il piano di lavoro con lo zucchero a velo e stendete un po' di pasta di zucchero verde scuro con uno spessore di circa 3 mm. Con il tagliabiscotti a forma di foglia di agrifoglio tagliate una foglia di pasta di zucchero.

2 Capovolgetela e con il pennello piatto spennellatela con acqua bollita e raffreddata.

3 Stendete delicatamente la foglia sul biscotto, con particolare attenzione ai bordi, accompagnando la pasta di zucchero con le dita per arrotondarla.

4 Con la lama affilata dello strumento per le venature, incidete la venatura centrale della foglia.

5 Ripetete l'operazione e create le venature che si ramificano da quella centrale verso l'esterno.

6 Premete con lo strumento a sfera per modellare e scavate tre piccoli solchi tondi per le bacche.

7 Modellate tre palline di pasta di zucchero rossa e fissatele con un po' d'acqua bollita e raffreddata nei solchi alla base della foglia.

8 Terminate passando un po' di vernice per dolci per dare un tocco brillante.

Pagina a fianco

Utilizzate una stuoia di goffratura per disegnare in rilievo la superficie delle foglie. Stendete un po' di pasta di zucchero bianca con uno spessore di circa 3 mm e spolveratela con un po' di zucchero a velo. Adagiate la stuoia sulla pasta e passateci il matterello per ottenere il disegno in rilievo. Tagliate la foglia di agrifoglio e ripetete le fasi da 4 a 8. Spruzzate il biscotto con l'oro e con il lucidante alimentare perlaceo. Potete usare il lucidante anche per aggiungere i dettagli. Spruzzatelo su un piatto e con il pennello passatelo sulle bacche e sulla foglia. Terminate con la vernice per dolci.

Castello delle fiabe

Ingredienti:

Biscotti a forma di torta nuziale

Pasta di zucchero (o glassa fondente): bianca, verde, rosa

Lucidante alimentare spray: perlaceo

Colorante alimentare in polvere: argento

Alcol alimentare bianco (o estratto di limone)

Zucchero a velo

Glassa reale: bianca

Perline di zucchero: argento

Attrezzatura:

Matterello lungo 23 cm

Tagliabiscotti a forma di torta nuziale

Matterello con spirali in rilievo

Taglianastro a zig zag o rotella a zig zag

Tagliabiscotti a timbro a forma di fiore

Rotellina

Tagliabiscotti rotondo (diametro 25 mm)

Strumento per modellare con punta a cono stellato

Strumento per modellare le venature di fiori e foglie

Pennello piatto da 12 mm

Tasca da pasticciere

Bocchetta a punta rotonda di 1,5 mm o piccola per scrivere

Righello

Istruzioni:

1 Spolverate il piano di lavoro con lo zucchero a velo e stendete un po' di pasta di zucchero bianca. Passateci il matterello con le spirali, per disegnare la pasta. Ritagliate la torta nuziale con il tagliabiscotti.

2 Con il pennello piatto spennellate il retro con acqua e poi fissate la la pasta di zucchero sul biscotto. Spruzzate il lucidante alimentare perlaceo.

3 Ritagliate i merli delle torrette nella pasta di zucchero con la rotella a zig zag. La striscia a zig zag dev'essere larga circa 1 cm. Attaccatela con un po' d'acqua al margine superiore del biscotto ed eliminate l'eccedenza ai lati. Ripetete l'operazione per gli altri due strati della torta.

4 Tagliate via 3 cm dal centro della torretta inferiore per far spazio alla porta.

5 Con una rotellina ritagliate la porta da un pezzo di pasta di zucchero. Prima tagliate un rettangolo di 5 x 3 cm, poi arrotondate gli angoli superiori per formare un arco. Fissatela in posizione con l'acqua.

6 Diluite il colorante in polvere argentato con l'alcol e dipingete le torrette e la porta.

7 Inserite una perlina d'argento nella pasta di zucchero, alla base di ogni torretta dello strato inferiore e di quello superiore della torta.

8 Premete nello spazio fra una perlina e l'altra con lo strumento per decorare dalla punta a cono stellato. Fate altrettanto lungo le torrette dello strato centrale, intorno all'arco e alla base della porta.

9 Disegnate il cerchio esterno della finestra della porta con un tagliabiscotti rotondo del diametro di 25 mm e quello interno con una bocchetta per tasca da pasticciere. Disegnate la grata con lo strumento per modellare le venature.

10 Appiattite una pallina di pasta di zucchero e fissatela alla porta per fare la maniglia. Disegnate quattro buchini nella maniglia con lo strumento per le venature.

11 Con un tagliapasta a forma di fiore ritagliate dei fiorellini di pasta di zucchero sbalzata a spirale.

12 Per le foglie, appiattite piccoli coni di pasta di zucchero verde, disegnate le venature al centro e unite le estremità.

13 Montate una bocchetta di 1,5 mm su una tasca da pasticciere, riempite quest'ultima di glassa reale e usatela per fissare i fiori e le foglie intorno alla porta. Incollate anche le perline argentate al centro dei fiori.

Per una versione alternativa, coprite il biscotto con pasta di zucchero color avorio, spruzzatela con il lucidante alimentare e sostituite le perline argentate con perline dorate. Fate la finestra della porta più piccola e senza grata. Terminate con fiori color pesca scuro.

Girasoli

Ingredienti:

Biscotti a forma di girasole o margherita

Pasta di zucchero (o glassa fondente): rossa, marrone

Lucidante alimentare spray: oro, bronzo

Zucchero a velo

Attrezzatura:

Matterello lungo 23 cm

Tagliabiscotti a forma di girasole o margherita

Strumento per modellare le venature di fiori e foglie

Pennello piatto da 12 mm

Minimatterello con motivo intrecciato in rilievo

Tagliabiscotti tondi con margini lisci e ondulati (lisci di 35 mm di diametro e ondulati di 40 mm di diametro)

Tagliabiscotti a forma di petalo di giglio di 5 e 4 cm di lunghezza fra una punta e l'altra

Istruzioni:

1 Spolverate il piano di lavoro con lo zucchero a velo e stendete un po' di pasta di zucchero rossa. Ritagliate la forma a fiore del biscotto.

2 Con il pennello piatto spennellate il retro della pasta con l'acqua e poi fissatela sul biscotto.

3 Accompagnate la pasta da zucchero con le dita per arrotondarla, sopratutto lungo i bordi.

4 Disegnate le venature di ogni petalo con lo strumento adatto, trascinandolo dal centro verso l'esterno, più volte.

5 Ritagliate 5 singoli petali con il tagliabiscotti grande. Disegnate le venature e fissateli al biscotto con un po' d'acqua. Posizionateli in modo alternato rispetto agli altri petali.

6 Ripetete l'operazione con lo strato successivo, utilizzando il tagliabiscotti a forma di petalo più piccolo e posizionando i petali alternandoli ai precedenti. Disegnate le venature come in precedenza

7 Premete il tagliabiscotti rotondo del diametro di 35 mm al centro del biscotto. Togliete il cerchio di pasta di zucchero.

8 Stendete un po' di pasta di zucchero marrone con uno spessore di circa 3 mm. Sbalzatela passandoci il matterello con il motivo intrecciato in rilievo e tagliate un cerchio ondulato del diametro di 40 mm.

9 Spennellate con acqua il retro del cerchio e fissatelo al centro del fiore.

10 Passate più volte lo strumento per le venature sul margine esterno ondulato del cerchio e amalgamatelo alla base dei petali al centro del fiore.

11 Spruzzate del lucidante alimentare color oro e bronzo in un piattino e con il pennello piatto colorate i petali al centro del fiore con sfumature dorate e color bronzo.

Variate il colore del fiore utilizzando la pasta di zucchero giallo-oro per i petali, invece, di quella rossa.

3-2-1... lancio!

Ingredienti:

Biscotti a forma di razzo spaziale

Pasta di zucchero (o glassa fondente): azzurra, verde, gialla, arancione, rossa

Zucchero a velo

Attrezzatura:

Matterello lungo 23 cm

Tagliabiscotti a forma di razzo

Taglianastro a rullo o rotellina

Tagliabiscotti tondi con margini lisci e ondulati (lisci di 25 mm di diametro e ondulati di 40 mm di diametro)

Tagliabiscotti a timbro a forma di stella

Pennello piatto da 12 mm

Strumento per modellare le venature di fiori e foglie

Strumento per modellare con punta a cono stellato

Istruzioni:

1 Spolverate il piano di lavoro con lo zucchero a velo e stendete un po' di pasta di zucchero azzurra. Ritagliate la forma del razzo con il tagliabiscotti. Tagliate via una piccola striscia dalla punta e dalla coda del razzo.

2 Capovolgete la pasta di zucchero e con il pennello piatto spennellatela con acqua bollita e raffreddata.

3 Adagiate la pasta sul biscotto. Stendetela delicatamente con particolare attenzione ai bordi, accompagnando e ammorbidendo la pasta con le dita per arrotondarla.

4 Disegnate le linee sulle ali con lo strumento per le venature.

5 Mescolate grossolanamente la pasta di zucchero arancione e quella gialla, per ottenere un effetto marmorizzato. Tagliate la coda del razzo con il tagliabiscotti. Riducetelo alla giusta misura e sovrapponetelo alla coda del biscotto. Con lo strumento per le venature disegnate le linee del fuoco.

6 Stendete un po' di pasta di zucchero verde. Ritagliate la punta del razzo usando il tagliabiscotti. Riducetelo alla giusta misura e sovrapponetelo alla punta del biscotto. Disegnate le linee trasversali con lo strumento per le venature.

7 Ritagliate tre stelline di pasta gialla e fissatele sulla coda del razzo a distanza regolare. Premete al centro di ogni stellina con lo strumento con la punta a cono stellato.

8 Tagliate tre striscioline di pasta di zucchero verde con il taglianastro a rullo o con la rotellina. Fissatene una alla base della punta, una sotto le ali e la terza sulla coda (guardare la figura). Decorate ogni striscia premendo più volte con lo strumento con la punta a cono stellato.

9 Tagliate un cerchio di pasta di zucchero gialla con margine ondulato del diametro di 40 mm, un cerchio più piccolo del diametro di 25 mm di pasta rossa e infine tagliate un'altra stellina gialla. Fissate il cerchio rosso su quello giallo ondulato e incollate sopra tutto la stellina. Premete con lo strumento con la punta a cono stellato intorno ai bordi dei cerchi e al centro della stella.

Invertite i colori: il razzo verde con le strisce azzurre. Inserite perline di zucchero argentate nei solchi preparati con lo strumento con la punta a cono per un'altra versione.

Orsetti

Ingredienti:

Biscotti a forma di orsetti

Pasta di zucchero (o glassa fondente): marrone chiaro, avorio, nera, bianca

Colorante alimentare per pasta: nero

Colorante alimentare in polvere: marrone, bianco, rosa

Polvere brillante alimentare: bianca

Alcol alimentare bianco (o estratto di limone)

Perline di zucchero: rosa

Zucchero a velo

Attrezzatura:

Matterello lungo 23 cm

Tagliabiscotti a forma di orsetto

Minirotellina per decorazione a trapunta

Strumento per modellare le venature di fiori e foglie

Strumento per modellare con punta a cono stellato

Pennello sottile

Pennello piatto da 12 mm

Tagliabiscotti a forma di fiore a 5 petali (4 cm)

Tagliabiscotti tondi a margini lisci e ondulati (lisci di 25, 35, 5 mm e ondulati di 40 mm di diametro)

Coltellino affilato

Istruzioni:

1 Spolverate il piano di lavoro con lo zucchero a velo e stendete un po' di pasta di zucchero marrone chiaro. Ritagliate la forma dell'orsetto con il tagliabiscotti. Capovolgetelo e spennellatelo d'acqua.

2 Coprite il biscotto con la pasta di zucchero, accompagnandola lungo i bordi. Modellatela e tagliate via l'eccedenza con un coltello.

3 Disegnate le pieghe sulla pasta con lo strumento per le venature sotto le braccia, intorno al collo e alle orecchie.

4 Con lo strumento a sfera per modellare, scavate un solco al centro delle orecchie, poi fate oscillare lo strumento da una parte all'altra di ogni zampa per scavare i solchi.

5 Passare la minirotella al centro dell'orsetto e lungo il margine esterno.

6 Inserite in ogni orecchio una pallina di pasta di zucchero color avorio e modellatela in posizione con le dita. Riempite i solchi delle zampe con un cilindro di pasta color avorio e modellatela.

7 Tagliate un cerchio di 45 mm di diametro di pasta di zucchero color avorio e fissatela sulla pancia dell'orsetto. Poi tagliate un fiore di 4 cm di pasta di zucchero marrone chiaro e incollatelo al centro del cerchio. Attaccate tre perline di zucchero rosa al centro del fiore con un po' d'acqua.

8 Create con una rotellina una linea di cucitura intorno alle orecchie, alle zampe e alla pancia dell'orsetto e intorno al fiore. Diluite la polvere brillante alimentare in un po' d'alcol e spennellate le orecchie, le zampe e il centro del fiore.

9 Ritagliate con il tagliabiscotti un cerchio di pasta di zucchero marrone chiaro del diametro di 35 mm e fissatela al centro della testa dell'orsetto per fare il muso. Modellate i bordi con le dita, lasciando in rilievo solo il centro.

10 Create un solco per il naso e due per gli occhi.

11 Prendete un tagliabiscotti tondo di 25 mm di diametro e premete la base sulla pasta di zucchero per disegnare la bocca sorridente. Unite il naso e la bocca con una linea dritta trapuntata.

12 Con il pennello piatto, spolverate le gote e la bocca con un po' di colorante in polvere rosa. Spolverate anche i lati dell'orsetto e il muso con il colorante in polvere marrone.

13 Riempiti i buchini degli occhi con palline di pasta di zucchero bianca e appiattitele. Create un solco piccolissimo in ogni occhio e riempitelo con una pallina minuscola di pasta nera o marrone scuro e appiattitela.

14 Dipingete un riflesso chiaro negli occhi con il colorante in polvere bianco diluito con un po' d'alcol, le ciglia con il colorante per la pasta nero diluito con un po' d'alcol.

Sostituite il fiore con un cerchio di pasta di zucchero marrone chiaro dai margini ondulati. Inserite una perlina di zucchero bianca al centro. Dipingete le sopracciglia invece delle ciglia.

Casa dolce casa

Ingredienti:

Biscotti a forma di cupcake

Pasta di zucchero (o glassa fondente): giallo chiaro, blu scuro, azzurro, arancione

Colorante alimentare in polvere: oro

Alcol alimentare bianco (o estratto di limone)

Zucchero a velo

Glassa reale: verde

Attrezzatura:

Matterello lungo 23 cm

Tagliabiscotti

Rotellina

Strumento per modellare le venature

Pennello piatto da 12 mm

Pennello sottile

Taglianastri a rullo

Righello

Tasca da pasticciere

Bocchetta piccola con punta sagomata a foglia (2 mm)

Bocchetta rotonda (6 mm)

Attrezzo per modellare le greche ondulate

Tagliabiscotti a timbro a forma di fiorellino

Coltellino affilato

Istruzioni:

1 Spolverate il piano di lavoro con lo zucchero a velo e stendete un po' di pasta di zucchero gialla. Rigate la superficie con il taglianastri, poi tagliate via la parte superiore, accertandovi che le righe siano in verticale.

2 Con il pennello piatto spennellate il retro della pasta con l'acqua e poi fissatela sul biscotto.

3 Tagliate una grande striscia di pasta di zucchero blu e fissatela sulla parte superiore del biscotto per creare il tetto, stendendola lungo i bordi; tagliate l'eccedenza con un coltello.

4 Ritagliate un pezzetto di pasta blu per il camino (1,5 x 2 cm), servendovi del righello. Attaccatelo al tetto.

5 Decorate con le greche ondulate il bordo inferiore del tetto e quello superiore del camino. Dipingete il bordo ondulato con la polvere d'oro diluita in un po' d'alcol.

6 Con la bocchetta di 6 mm tagliate piccoli cerchietti di pasta gialla e attaccateli al tetto.

7 Ritagliate due quadrati di pasta blu di 1,5 cm di lato per le finestre e incollatele al loro posto. Con lo strumento per le venature disegnate il davanzale e con la punta create il motivo dei vetri. Dipingete d'oro il davanzale (vedere punto 5).

8 Ritagliate la porta (2,5 x 3,5 cm) nella pasta di zucchero blu usando una rotellina. Arrotondate gli angoli per fare un arco. Disegnate una finestra quadrata di 1 cm di lato con lo strumento per le venature e rifinite i vetri. Attaccate una pallina di pasta di zucchero appiattita sulla porta per fare la maniglia e rifinitela con lo strumento per le venature. Attaccate quindi la porta al biscotto e colorate la finestra e la maniglia con la polvere dorata diluita in un po' d'alcol.

9 Con la bocchetta dalla punta a foglia spremete la glassa reale verde alla base del biscotto, sotto le finestre, per creare le foglie.

10 Con il tagliabiscotti a timbro ritagliate alcuni fiorellini di pasta di zucchero azzurra e fissateli sulle foglie. Aggiungete una pallina di pasta arancione al centro di ogni fiore e premete quattro volte con lo strumento per le venature per rifinire i bottoncini.

Create una casetta rossa nello stesso modo, ma cambiate i colori usando il bordeaux, il crema e il pesca.

È Natale!

Ingredienti:

Tagliabiscotti a forma di stella di 4 diverse misure

Pasta di zucchero (o glassa fondente): verde

Lucidante alimentare spray: perlaceo

Zucchero a velo

Glassa reale: bianca

Perline di zucchero: bianche

Attrezzatura:

Matterello lungo 23 cm

Tagliabiscotti concentrici a forma di stella di 9,5, 8, 7 e 5 cm di diametro

Distanziatori

Pennello piatto da 12 mm

Tagliabiscotti rotondo (25 mm di diametro)

Coltellino affilato

Tasca da pasticciere

Bocchetta a punta rotonda di 1,5 mm o per scrivere

Matterello con spirali in rilievo o stuoia di goffratura

Forbici

Istruzioni:

1 Spolverate il piano di lavoro con lo zucchero a velo e stendete un po' di pasta di zucchero verde. Passate il matterello con le spirali in rilievo o applicate la stuoia di goffratura. Ritagliate 4 stelle di misure diverse.

2 Spennellate il retro della pasta con l'acqua e poi fissatela sui biscotti della rispettiva misura.

3 Stendete un po' di pasta di zucchero verde fra i distanziatori per ottenere uno spessore uniforme e con un tagliabiscotti tondo di 25 mm di diametro ritagliate tre spessi cerchi di pasta. Lasciate asciugare. Serviranno per separare i biscotti fra loro.

4 Con la glassa reale fissate i cerchi di pasta di zucchero asciutti al centro delle tre stelle più grandi coperte di glassa.

5 Impilate le quattro stelle una sull'altra, alternando le punte delle stelle e fissandole fra loro con la glassa reale.

6 Modellate un lungo cono di pasta di zucchero verde affusolato e sinceratevi che la base del cono sia della misura adatta per essere fissata sl centro della stella più piccola.

7 Stendete un po' di pasta di zucchero verde e passatela con il matterello con le spirali. Capovolgetela e inumiditela con l'acqua.

8 Adagiate il cono sulla pasta modellata e avvolgetelo con quest'ultima. Premete i due margini per unirli, tagliate via l'eccedenza con le forbici e sfumate con le dita la linea di giunzione.

9 Con il coltello affilato, tagliate la base del cono con disegni in rilievo e fissatela al centro della stella piccola con un po' di glassa reale.

10 Montate sulla tasca da pasticciere una bocchetta di 1,5 mm di diametro e riempite la tasca di glassa reale. Spremete un po' di glassa sulla punta delle stelle e incollate una perlina di zucchero su ogni punta. Aggiungetene altre intorno al cono e una sulla cima.

11 Spruzzate un po' di lucidante alimentare perlaceo su tutto il biscotto.

Usate la pasta di zucchero bianca, sbalzandola con la stuoia di goffratura a cerchi. Aggiungete le perline rosa per una variante graziosa.

Cuore romantico

Ingredienti:

Biscotti a forma di cuore su bastoncini per biscotti

Pasta di zucchero (o glassa fondente): bianca, pesca, rosa scuro

Zucchero a velo

Lucidante alimentare spray: perlaceo

Perline di zucchero: bianche

Attrezzatura:

Matterello lungo 23 cm

Pennello piatto da 12 mm

Strumento per modellare le venature di fiori e foglie

Tagliabiscotti a timbro a forma di fiorellino

Pennello fine

Tagliabiscotti a sei petali ad anello

Tagliabiscotti a forma di cuore lungo 8,5 cm

Coltellino affilato

Strumento a sfera per modellare

Istruzioni:

1 Spolverate il piano di lavoro con lo zucchero a velo e stendete un po' di pasta di zucchero color pesca. Tagliatela a metà e attaccate le due metà al biscotto, dall'alto in basso, per creare il petto.

2 Stendete dell'altra pasta di zucchero color pesca, spennellate il retro con l'acqua e fissatela sul biscotto, attaccandola subito sotto i bordi. Modellatela e tagliate l'eccedenza con un coltello.

3 Stendete un po' di pasta rosa scuro. Decorate tutta la superficie premendo leggermente il tagliapasta a forma di fiore a sei petali. Ritagliate un cuore alto 8,5 cm, capovolgetelo, spennellatelo con l'acqua.

4 Fissate il cuore di pasta sul biscotto in modo che la parte alta del cuore copra il petto. Modellate la pasta intorno ai lati del biscotto, tagliando via l'eccedenza con un coltello.

5 Con lo strumento per le venature disegnate due pieghe sotto il petto su ciascun lato del biscotto.

6 Con il tagliabiscotto a timbro tagliate un fiorellino di pasta di zucchero bianca e attaccatelo al centro della scollatura del corpino. Inserite una perlina di zucchero al centro del fiore, poi aggiungete una pallina di pasta di zucchero rosa nel buchino che si è formato. Premete lo strumento per le venature al centro della pallina per 4 volte per creare l'effetto di un bottoncino.

7 Spruzzate leggermente il corpetto con il lucidante alimentare. Spruzzatene anche un po' in un piatto e usatelo per dipingere i dettagli del corpetto, creando i riflessi al centro dei fiori in rilievo.

8 Spennellate un anello intorno all'area del collo. Inserite qualche perlina di zucchero nella pasta ammorbidita per creare la collana. Spennellate la superficie delle perline con il lucidante alimentare.

Confezionati in sacchettini di cellophane trasparente legati con un nastro, questi biscotti sono delle graziose bomboniere.

Sostituite il colore della glassa con un bel blu. Aggiungete questa volta le spalline al corpetto incollando le perline sopra le spalle. Dipingete le perline con il lucidante alimentare.

Pagliacci

Ingredienti:

Biscotti rotondi

Pasta di zucchero (o glassa fondente): rossa, bianca, gialla, verde, nera

Colore alimentare per pasta: nero

Colore alimentare in polvere: rosa

Alcol alimentare bianco (o estratto di limone)

Zucchero a velo

Vernice brillante per dolci

Glassa reale

Attrezzatura:

Matterello lungo 23 cm

Strumento a sfera per modellare

Strumento per modellare le venature di fiori e foglie

Pennello sottile

Pennello piatto da 12 mm

Tagliabiscotti a forma di stellina

Coltellino affilato

Tagliabiscotti a mezzaluna

Tasca da pasticciere

Bocchetta a punta rotonda da 1,5 mm

Istruzioni:

1 Spolverate il piano di lavoro con lo zucchero a velo e stendete un po' di pasta di zucchero bianca. Spennellate il retro con un po' d'acqua. Coprite il biscotto con la pasta di zucchero, arrotondandola sui bordi. Stendetela bene e tagliate l'eccedenza con un coltello affilato.

2 Tagliate una striscia di pasta di zucchero verde e fissatela sulla testa, arrotondandola sui bordi. Tagliate via l'eccedenza con un coltello affilato.

3 Ritagliate alcune stelline di pasta di zucchero gialla e incollatele sul cappello.

4 Con lo strumento a sfera per modellare, scavate un solco per il naso: modellate una pallina di pasta di zucchero rossa e fissatela nel solco. Applicate la vernice brillante.

5 Con lo strumento per le venature incidete una crocetta per ogni occhio. Riempite il solco a croce con un po' di pasta di zucchero nera. Disegnate le sopracciglia ondulate con il pennello, con il colore alimentare per pasta diluito con un po' d'alcol bianco.

6 Per la bocca: tagliate con il tagliabiscotti una mezzaluna di pasta di zucchero rossa e fissatela in posizione. Adagiatevi al centro un sottile cilindro di pasta bianca, appiattitelo e modellatelo con lo strumento a sfera, quindi disegnate la linea delle labbra con lo strumento per le venature.

7 Per i capelli: fissate ai lati della testa due gocce appiattite di pasta di zucchero gialla, modellatele e disegnate i capelli con lo strumento per le venature.

8 Modellate un cilindro di pasta di zucchero verde, appiattitela leggermente e incollatela alla base del cappello per fare il risvolto. Tagliate l'eccedenza ai lati con un coltello affilato.

9 Modellate un altro cilindro di pasta verde, appiattitelo e poi piegatelo a fisarmonica per fare la gorgiera. Rifilate uno dei due lati. Riempite con la glassa reale una tasca da pasticciere con una bocchetta per scrivere e spremete la glassa per fissare la gorgiera alla base della faccia. Tagliate una strisciolina di pasta gialla e incollatela sulla gorgiera. Dividetela in sezioni con lo strumento per le venature e al centro di ogni sezione formate un tondo con lo strumento a sfera.

10 Aggiungete una sfumatura rosa alle gote spennellando del colorante in polvere rosa con il pennello piatto.

Cambiate i colori in bianco e nero, aggiungete una margherita sul cappello con un bottone al centro e cambiate la forma degli occhi, aggiungendo una campanellina di pasta di zucchero sopra gli occhi per le palpebre.

Dolce bebè

Ingredienti:

Biscotti a forma di pagliaccetto

Pasta di zucchero (o glassa fondente): azzurra, bianca

Zucchero a velo

Glassa reale: nera

Attrezzatura:

Matterello lungo 23 cm

Minirotellina per decorazione a trapunta

Strumento per modellare le venature

Pennello piatto da 12 mm

Tagliabiscotti a forma di orsetto

Coltellino affilato

Taglianastri a rullo o rotellina

Tasca da pasticciere

Bocchetta rotonda da 1 mm

Strumento a sfera per decorare

Istruzioni:

1 Spolverate il piano di lavoro con lo zucchero a velo e stendete un po' di pasta di zucchero azzurra. Capovolgetela e spennellatela con l'acqua.

2 Coprite il biscotto con la pasta di zucchero, accompagnandola lungo i bordi. Stendentela e tagliate l'eccedenza con un coltello.

3 Disegnate un paio di pieghe sotto le braccia con lo strumento per le venature.

4 Stendete un po' di pasta di zucchero bianca e con il taglianastro ritagliate quattro strisce della stessa misura.

5 Attaccatele con un po' d'acqua intorno al collo e alle braccia, e sul girovita. Regolate la lunghezza con un coltello. Passate la rotellina per decorare a trapunta lungo il bordo delle strisce su entrambi i lati, per disegnare la cucitura.

6 Disegnate una doppia cucitura lungo il bordo inferiore del pagliaccetto e intorno alle gambine.

7 Create cinque bottoncini con palline di pasta di zucchero appiattite. Attaccatene due al biscotto sotto il collo e le altre tre fra le gambine. Premete lo strumento per le venature quattro volte al centro delle palline per rendere l'effetto dei bottoni.

8 Stendete uno strato sottile di pasta di zucchero bianca. Ritagliate un orsetto con il tagliabiscotti e fissatelo al centro del pagliaccetto. Passate la rotellina per decorare a trapunta nel centro dell'orsetto dall'alto in basso.

9 Per il muso aggiungete un ovale di pasta di zucchero appiattito e con lo strumento a sfera create un solco per il naso.

10 Premete lo strumento a sfera sulle zampe e sulle orecchie dell'orsetto e riempite i solchi con palline di pasta di zucchero azzurra, modellandole al loro posto.

11 Disegnate gli occhi, il naso e la bocca con un po' di glassa reale nera spremuta con una bocchetta per disegnare.

Sostituite il colore della glassa con il rosa pallido. Attaccate un fiore al centro del pagliaccetto e con la rotellina disegnate le linee della cucitura al centro di ogni petalo. Terminate con un bottoncino di zucchero al centro del fiore.

Bouquet di rose

Ingredienti:

Biscotti a forma ovale

Pasta di zucchero (o glassa fondente): marrone, gialla, verde

Lucidante alimentare spray: dorato

Zucchero a velo

Vernice brillante per dolci

Glassa reale: verde

Pasta per modellare: gialla, verde, bianca

Attrezzatura:

Matterello lungo 23 cm

Minimatterello con motivo intrecciato in rilievo

Tagliabiscotti a timbro a forma di foglia di rosa, piccolo e medio

Tagliabiscotti a timbro a forma di numero

Pennello piatto da 12 mm

Coltellino affilato

Tasca da pasticciere

Bocchetta a punta rotonda per scrivere

Strumento a sfera per modellare e tappetino

Istruzioni:

1 Spolverate il piano di lavoro con lo zucchero a velo e stendete un po' di pasta di zucchero marrone. Passate il matterello con il motivo intrecciato in rilievo per creare il disegno del cesto. Capovolgete la pasta e spennellatela con l'acqua.

2 Coprite il biscotto con la pasta di zucchero, accompagnandola lungo i bordi. Premete delicatamente per non rovinare il disegno. Tagliate l'eccedenza con il coltello.

3 Stendete un sottile strato di pasta di zucchero marrone e, dopo averla bagnata, fissatela attorno al bordo della metà superiore del biscotto, per fare il manico.

4 Stendete un cilindro di pasta di zucchero marrone, piegatelo a metà e poi arrotolate i due pezzi insieme per dare l'effetto della corda. Attaccateli orizzontalmente al centro del biscotto per creare il bordo del cestino.

5 Usate le due misure del tagliabiscotti a timbro per ottenere alcune foglie di rosa in pasta per modellare verde, e disegnate le venature. Adagiatele sul tappetino e modellate i bordi per dar loro la forma giusta. Attaccate le foglie sulla metà superiore del biscotto, sotto il manico e fino al bordo del cestino.

6 Create diverse rose. Per ciascuna modellate un cilindro di pasta gialla, e pizzicate l'estremità superiore per allungare la glassa. Con il margine sottile in alto, arrotolare le estremità all'interno per ottenere un cono, e continuate ad arrotolare la glassa intorno a se stessa, schiacciando la base. Per finire, piegate all'indietro l'estremità, e tagliate l'eccedenza. Riempite una tasca da pasticciere con la bocchetta per scrivere con la glassa reale verde. Usatela per fissare le rose.

7 Spruzzate il lucidante spray dorato in un piatto e con il pennello piatto dipingete dei riflessi dorati al cestino, alle foglie e alle rose.

8 Stendete un po' di pasta per modellare bianca in un uno strato sottile. Ritagliate il numero 50 (o quello che volete) e spruzzatelo con il lucidante dorato. Attaccatelo sul cestino con un po' d'acqua. Passate una mano di vernice brillante per dolci.

Usate le rose rosse e ritagliate un messaggio o una parola in pasta di zucchero rossa e attaccateli al cestino. Diluite i brillantini alimentari rossi con un po' d'alcol e spennellate le lettere e il centro delle rose per impreziosire il biscotto.

Sposami!

Ingredienti:

Biscotti a forma di torta nuziale

Pasta di zucchero (o pasta fondente): avorio

Lucidante alimentare spray: perlaceo

Colore alimentare in polvere: rosa, verde

Zucchero a velo

Glassa reale: bianca, verde

Fiorellini a cinque petali già pronti di glassa reale: gialli

Brillantini alimentari bianchi

Attrezzatura:

Matterello lungo 23 cm

Tagliabiscotti a forma di torta nuziale

Pennello piatto da 12 mm

Strumento per modellare le venature di fiori e foglie

Attrezzo per modellare le greche ondulate

Tasche da pasticciere

Bocchetta piccola con punta a foglia (2 mm)

Bocchetta con punta rotonda (1,5 mm) o per scrittura

Istruzioni:

1 Spolverate il piano di lavoro con lo zucchero a velo e stendete un po' di pasta di zucchero color avorio. Ritagliate la forma di una torta nuziale con il tagliabiscotti.

2 Spennellate il retro della pasta con un po' d'acqua e fissatela al biscotto.

3 Modellate i margini per arrotondarli.

4 Con lo strumento per le venature disegnate una linea orizzontale fra le torte.

5 Con lo strumento per le greche disegnate una greca lungo il bordo inferiore del biscotto. Immergete le estremità dello strumento nello zucchero a velo e poi premete delicatamente sulla pasta di zucchero. Premete le estremità insieme mentre sono inserite nella glassa, rilasciandole lentamente e poi estraete lo strumento. Ripetete l'operazione fino a quando avrete ultimato la greca.

6 Utilizzate lo strumento per le greche nello stesso modo per creare il disegno su ogni strato della torta nuziale. Disegnate la greca in diagonale su ogni strato, aggiungete un trattino orizzontale sopra e sotto per completare il disegno.

7 Spruzzate il lucidante alimentare color perla su tutto il biscotto.

8 Spolverate i margini dei fiorellini gialli con un po' di colorante in polvere rosa.

9 Montate la bocchetta per scrivere su una tasca da pasticciere riempita di glassa reale. Spremete un po' di glassa sulla superficie del biscotto e fissate i fiorellini al loro posto: uno sullo strato superiore, tre sul secondo strato e tre sullo strato inferiore.

10 Montate la bocchetta con punta a foglia su una tasca da pasticciere riempita di glassa reale verde. Spremete le foglie negli spazi fra un fiorellino e l'altro. Quando la glassa sarà indurita, spolverate con un po' di colorante alimentare in polvere verde per esaltare la tinta.

11 Cospargete il biscotto con brillantini alimentari bianchi.

Coprite il biscotto con pasta di zucchero bianca e usate fiorellini bianchi spolverati di colorante alimentare rosa in polvere per cambiare versione.

Anatroccoli

Ingredienti:

Biscotti a forma di anatroccolo

Pasta di zucchero (o glassa fondente): bianca, marrone

Colorante alimentare per pasta: nero, arancione

Colorante alimentare in polvere: bianco, giallo, marrone chiaro

Alcol alimentare bianco (o estratto di limone)

Zucchero a velo

Vernice brillante per dolci

Attrezzatura:

Matterello lungo 23 cm

Tagliabiscotti a forma di anatroccolo

Strumento a sfera per modellare

Strumento per modellare le venature di fiori e foglie

Pennello sottile

Pennello piatto da 12 mm

Istruzioni:

1 Spolverate il piano di lavoro con lo zucchero a velo e stendete un po' di pasta di zucchero bianca. Riagliate la forma dell'anatroccolo con il tagliabiscotti.

2 Spennellate il retro della pasta con un po' d'acqua e fissatela al biscotto.

3 Modellate i margini per arrotondarli.

4 Premete con lo strumento a sfera al centro della testa per segnare la posizione dell'occhio.

5 Modellate una pallina di pasta di zucchero marrone e fissatela nel solco dell'occhio, quindi appiattitela con il dito.

6 Con lo strumento per le venature disegnate una linea nel becco per dividerlo a metà. Scavate un buchino nella metà superiore del becco, per la narice.

7 Iniziando dalla testa e procendendo verso la coda, passate lo strumento per le venature sul corpo per creare l'effetto delle piume.

8 Create un'ala appiattendo un cono di pasta di zucchero bianca. Attaccate l'ala al corpo con un po' d'acqua e disegnate le piume come in precedenza.

9 Diluite un po' di colore alimentare in polvere giallo con l'alcol bianco e colorate l'anatroccolo utilizzando il pennello fine. Una volta asciutto, aggiungete il marrone chiaro sulla testa, sul dorso, sulla coda e sull'ala spolverando con il colore in polvere.

10 Diluite un po' di colore arancione per pasta con l'alcol e dipingete il becco.

11 Con un pennello sottile e un po' di colore per pasta nero disegnate un cerchietto nell'occhio. Aggiungete un riflesso chiaro con il colore in polvere bianco diluito con l'alcol.

12 Aggiungete brillantezza al becco e all'occhio spennellando la vernice per i dolci.

Realizzate una versione diversa dell'anatroccolo utilizzando il color crema invece del giallo e spolverando con il colore marrone in polvere invece del marrone chiaro.